吉林财经大学资助出版图书

基金项目：吉林省教育厅科研项目-社会科学研究项目"吉林省幼儿教师情绪劳动现状、影响因素及提升策略研究"（项目批准号：JJKH20220144SK）

基金项目：吉林财经大学新入职博士科研专项项目"家园沟通视角下幼儿教师情绪劳动的影响因素研究"

幼儿教师情绪劳动的理论与实践

The Theory and Practice of Kingdergarten Teachers' Emotional Labor

刘　丹◎著

吉林大学出版社

·长春·

图书在版编目（CIP）数据

幼儿教师情绪劳动的理论与实践 / 刘丹著. — 长春:
吉林大学出版社, 2023.6
ISBN 978-7-5768-1764-5

Ⅰ.①幼… Ⅱ.①刘… Ⅲ.①幼教人员—情绪—研究
Ⅳ.①G615

中国国家版本馆CIP数据核字(2023)第106036号

书　　名：幼儿教师情绪劳动的理论与实践
YOU'ER JIAOSHI QINGXU LAODONG DE LILUN YU SHIJIAN

作　　者：刘　丹
策划编辑：黄国彬
责任编辑：杨　平
责任校对：闫竞文
装帧设计：刘　丹
出版发行：吉林大学出版社
社　　址：长春市人民大街4059号
邮政编码：130021
发行电话：0431-89580028/29/21
网　　址：http://www.jlup.com.cn
电子邮箱：jldxcbs@sina.com
印　　刷：天津鑫恒彩印刷有限公司
开　　本：787mm×1092mm　　1/16
印　　张：12.75
字　　数：190千字
版　　次：2024年3月　第1版
印　　次：2024年3月　第1次
书　　号：ISBN 978-7-5768-1764-5
定　　价：78.00元

前　言

　　20世纪80年代，美国社会学家霍赫希尔德（Hochschild）在达美航空培训中心的一间培训室内，听一名飞行员告诉新人"要真诚地微笑"。和空乘人员一样，很多职业要求从业者表现出真诚、积极的情绪，而他们真实感受到的情绪往往需要被掩藏起来。这种在工作场所中员工展现出符合职业要求情绪的现象被霍赫希尔德称之为情绪劳动。

　　幼儿教师是高情绪劳动职业。由于幼儿身心发展阶段的特殊性，在幼儿教育工作中，幼儿教师需要付出大量情绪和情感，这既是幼儿教师日常工作的主要内容，如保持积极的情绪状态教育幼儿、耐心应对和解答家长的各种问题，同时更是《幼儿园教师专业标准（试行）》对幼儿教师的职业要求，如"富有爱心、责任心、耐心和细心；乐观向上、热情开朗，有亲和力，善于自我调节情绪，保持平和心态……"。幼儿教师这种在情绪方面做出的大量的个人努力来满足其职业要求的情绪表现就属于情绪劳动的范畴。然而，学术研究发现，幼儿教师情绪劳动具有"双刃剑"的作用，表层表演容易引发情绪耗竭，深层表演和自然表达则能够减少情绪耗竭和职业倦怠，提高工作绩效。近年来，新闻媒体多次曝光了幼儿教师队伍中的负面行为，其中不乏幼儿教师情绪管理方面出现的问题。诚然，这些现象与幼儿教师的素质有关，更直接的原因很可能是幼儿教师不合理的情绪劳动所带来的大量情绪资源的自我损耗，才做出了如此错误的行为。

　　鉴于促进幼儿教师合理情绪劳动的现实意义，考察幼儿教师情绪劳动的影响因素不仅能够拓展情绪劳动理论研究，更能够促进幼儿教师职业心理健康和提升学前教育质量。通过对已有研究的梳理可以发现，当前情绪劳动影响因素研究主要集中在商业组织服务人员，对教师尤其是幼儿教师群体情绪劳动影响因素研究还很缺乏。已有情绪劳动影响因素研究从员工个体因素，如情绪特质（Kammeyer-Mueller et al.，2013）、情绪智力（Yin，2015）、工作动机（Cossette & Hess，2012）和外部环境因素，如文化背景（Mesquita & Albert，2007）、展示规则（Allen，Pugh，Grandey & Groth，2010）、领导风格（Thiel，Connelly & Griffith，2012）、情绪事件（Gilsa，Zapf，Ohly，Trumpold & Machowski，2013）等方面均进行了探讨，然而，这些影响因素研究视角单一，呈现碎片化的状态，缺乏对这些影响因素内在作用机制和边界条件的考察，更缺乏对情绪劳动影响因素的有机整合。因此，有必要针对幼儿教师群体开展情绪劳动的影响因素研究。

更重要的是，幼儿教师的情绪劳动不仅存在于对幼儿的教育活动中，更存在于幼儿教师与家长的家园沟通中。随着我国二孩政策、三孩政策的全面施行，学龄前儿童数量大幅增加，国家和社会对学前教育的重视程度空前。与此同时，人民生活水平在不断提高，幼儿的成长已经成为每个家庭的重中之重，家长对幼儿在园的一日生活空前关注，幼儿园和幼儿家长双方均非常重视家园共育质量，幼儿教师需要长期、频繁地与家长进行沟通，为营造良好的家园沟通氛围，幼儿教师需要付出大量的情绪劳动，可见，家园沟通已经成为我国幼儿教师情绪劳动的重要情境。在家园沟通中，幼儿教师情绪资源的损耗，很可能会带来消极的结果。

幼儿教师的心理健康和职业幸福感关乎幼儿教师队伍的稳定，更关乎幼儿的身心健康发展。基于促进幼儿教师合理进行情绪劳动的需要，本书在已有研究基础上，基于家园沟通视角，考察幼儿教师情绪劳动影响因素，并进一步明晰其内在作用机制和边界条件，从而对幼儿教师的选拔、管理、培训等现实工作提供理论指导与实践参考。

本书在撰写过程中，借鉴了国内外很多教育心理学专家、学者的研究成果，没有他们先期的研究作为理论基础，本书的研究内容难以完成。由于本书研究内容和时间有限，书中不足之处敬请各位专家批评指正。

著　者
2023年3月

目　录

第一章 情绪劳动的源起与发展

情绪劳动（emotional labor）是指员工为了表现出职业或组织要求的情绪，需要付出努力对自身外在情绪表现和内在情绪体验进行管理和控制的过程中需要付出的心理资源（Brotheridge & Grandey，2002；Diefendorff，Croyle & Gosserand，2005）。情绪劳动是管理学、心理学、经济学和社会学等多学科领域的热点议题（Humphrey，Ashforth & Diefendorff，2015；Grandey & Melloy，2017；廖化化、颜爱民，2015）。员工进行情绪劳动时，主要采用三种策略，表层表演（surface acting）、深层表演（deep acting）和自然表达（naturally felt emotions）。表层表演是指员工仅调整外在情绪表现，深层表演是指员工调整内在情绪体验，自然表达是指员工自发表现出符合职业或组织要求的情绪。

第一节 情绪劳动概念的源起

对情绪劳动的研究已有近四十年的历史，相关研究较为丰富，研究思路遵循情绪劳动内涵与维度—作用及内在机制—影响因素的主线。在文献综述部分，本书将遵循情绪劳动研究主线进行论述，并重点阐述情绪劳动影响因素研究。

美国社会心理学家Hochschild（1983）通过观察发现，空乘人员在工作中会积极地调节与顾客互动时的情绪表现，并在著作*The Managed Heart*中首次提出了情绪劳动的概念来指代该现象。Hochschild认为，情绪劳动是员工在工作中对情绪感受和情绪表现进行管理，目的是创造一个公众可观察到的面部和身体的表现，并认为情绪劳动可以被出售以获得报酬，具有交换价值。Hochschild 进一步基于舞台视角，将情绪劳动类比于舞台表演，认为空乘人员的情绪管理类似于演员表演，其进行情绪劳动主要采用两种策略：表层表演和深层表演。其中，表层表演是指仅通过改变外在情绪表现以达到组织的要求，而深层表演是指通过改变内在的情绪感受使自身感受与组织要求的感受一致（Hochschild，1983）。

随着服务行业的崛起，组织和员工自身均对工作中的情绪管理愈加重视，因此，情绪劳动概念受到心理学、管理学、组织行为学等研究领域的广泛关注。研究者们逐渐认识到，情绪劳动不仅是服务行业中的核心概念，在很多其他职业中如医生、教师、律师、社会工作者等也均存在情绪劳动，可以说，情绪劳动存在于各行各业中（Brotheridge & Grandey，2002）。

第二节 情绪劳动概念的发展

明晰情绪劳动的本质是开展相关研究的重要基础。总体而言，当前学界主要从三个视角对情绪劳动的概念进行剖析：①情绪劳动作为职业要求；②情绪劳动作为情绪表现；③情绪劳动作为内在心理过程。三种理论视角的简要内容见表1-1。

表1-1 情绪劳动的主要理论视角

	职业要求视角	情绪表现视角	内在心理过程视角
内涵界定	要求管理情绪来创造一个情绪展示并具有交换价值的工作	对工作要求的特定情绪的展现，不一定需要有意识的努力	员工在工作中为了遵守组织或职业的情绪展示规则，而对内在情绪体验或外在情绪表现进行调整的过程
核心文献	Hochschild（1979；1983）	Rafaeli & Sutton（1987，1989）Ashforth & Humphrey（1993）	Morris & Feldman（1996）Zerbe（2000）、Grandey（2000）Diefendorff et al.，（2005）

一、职业要求视角下的情绪劳动

该视角认为情绪劳动是员工在工作中进行的情绪管理，目的是换取报酬，并指出高情绪劳动工作的三种核心特征：频繁的与公众互动（如顾客）、期望诱发他人产生某种情绪、情绪互动过程中的管理和控制（Hochschild，1983），符合三个核心特征的职业则被认定为情绪劳动职业。除典型商业组织服务人员外，关爱职业（如教师、老人和儿童看护人员）与专业服务（如律师、警察等），也被认为是情绪劳动职业。值得注意的是，不同职业在三种基本特征上表现出的水平有所差异（Thoits，2004；Wharton，2009）。

展示规则（display rule）是该视角下的重要概念，指个体在与他人沟通时应当如何表现情绪。展示规则提供了工作中情绪表现适宜性的标准，强调的是外在情绪表现而非内在情绪感受，关注员工获得高绩效所应当具备的情绪表现。一般而言，服务型组织的展示规则通常是整合的展示规则（integrative display rule），要求员工表现积极情绪同时掩藏消极情绪（Ashforth & Humphrey，1993）。

由于职业要求视角下情绪劳动效应的证据支持较少，展示规则给员工带来作用的相关结果也不够稳健。研究显示，要求员工抑制消极情绪的展示规则往往带来消极结果（Trougakos，Jackson & Beal，2011），而整合的展示规则与员工健康和工作满意度间关系的结果则不尽一致（Brotheridge & Grandey，2002；Diefendorff，Richard & Croyle，2006）。因此，有学者呼吁，仅关注情绪劳动要求无法全面解释情绪劳动给员工带来的影响（Wharton，2009；Meanwell，Wolfe & Hallett，2008）。随后，研究者开始转向关注员工的情绪表现。

二、情绪表现视角下的情绪劳动

早期职业要求视角下的情绪劳动研究具有局限性，组织行为学者开始采用面对他人的、角色一致（role-congruent）的情绪展示或表现来看待情绪劳动，即情绪表现视角下的情绪劳动。该视角偏重Hochschild（1983）早期的情绪劳动的外在表现和结果，即情绪劳动能够对他人的情绪、态度和行为产生影响。

Rafaeli和Sutton（1987，1989）认为，情绪劳动应当强调外在观察到的情绪表现而不是内在情绪体验。在此基础上，Ashforth和Humphrey（1993）指出，情绪劳动是员工在与顾客互动过程中展现适宜情绪表现的行为及相应心理过程。该定义关注对情绪展现的外部行为的管理，认为相较于内在心理过程，外显的行为更便于观察和控制。Glomb和Tews（2004）在Ashforth等人（1993）的基础上，将情绪劳动操作化定义为：真实情绪表现、假装情绪表现和情绪压抑。

员工的情绪表现可以主动地、通过努力来达成。Rafaeli和Sutton（1987）认为有三个涉及情绪表现的基本变量：情绪要求、情绪感受以及情绪表现。当情绪体验和情绪表现与情绪要求（或期望）一致时则称为情绪协调（emotional harmony），相当于高度的人–职匹配，更具体而言，反映了员工高度的情绪要求–能力匹配（Arvey，Renz & Watson，1998）。当情绪表现与组织要求不符时，员工可能会"虚情假意"（Faking in bad faith）地对自己的情绪进行掩饰以避免情绪偏离，也可能由于角色期待已经内化而采用"真心实意"（faking in good faith）的策略，对自身情绪感受进行调整。情绪劳动对组织和员工是否有益，情绪表现真实性发挥重要作用（Ashforth & Humphrey，1993）。

相关研究显示，情绪要求和情绪体验之间具有差距的情况下，员工的情绪表现是否真实对员工的绩效会产生重要影响，员工进行情绪劳动时的内在心理过程决定了情绪表现的真实性（Hülsheger & Schewe，2011）。因此，将情绪劳动简单等同于情绪表现，仅考察员工的情绪表现与结果变量之间的关系，忽略了员工内在心理过程，是该视角下最突出的局限。随后，学者转向关注内在心理过程视角下的情绪劳动。

三、内在心理过程视角下的情绪劳动

Hochschild（1983）最初对于空乘人员的研究很大部分关注其内在体验，描述其如何体验到情绪失调，以及通过改变情绪表现和情绪感受以达到符合情绪要求。与前两种视角不同，Grandey（2000）最早提出情绪劳动更应该关注员工在工作时对内在情绪体验的管理，并依据情绪调节过程模型（Gross，1998）理解情绪劳动的内涵，本质是关注个体内在心理过程的视角（Brotheridge & Grandey，2002）。

Morris和Feldman（1996）基于互动理论的观点，认为情绪劳动的特征是频繁互动、展现多种情绪、符合情绪展示规则。该定义将个体对情境的评价以及基于评价的行为决策作为决定性的要素引入到情绪劳动过程中，并认为情绪劳动包含四个维度：①情绪表达的频率；②情绪表达的卷入度（持续时间、强度）；③情绪表达的多样性；④情绪失调。随后，Jones和James（1998）对Morris等人的定义进行了拓展，认为组织成员在工作中的互动对象不仅包括组织的外部人员，也包括组织的内部成员，认为情绪劳动是"在与外部或者内部利益相关者进行个人交往时，努力调控情绪使之与组织要求表现的情绪相一致"。

Grandey（2000）认为情绪劳动是为表达组织期望的情绪，进行必要的心理调节，即为了调节情绪而进行的目标确认、计划、监督、信息反馈等内在心理活动，包括表层表演和深层表演，这两者是情绪劳动的核心。

Zapf（2002）认为情绪劳动本质上是员工根据组织制订的情绪行为管理目标所进行的情绪调节行为，其核心是对员工情绪进行的调节。

Diefendorff和Gosserand（2003）认为，上述定义虽承认情绪劳动是内在过程，但是并未对该过程进行具体描述，因此，他们从心理控制论的角度出发，将情绪劳动定义为员工对情绪失调的监控和调节的过程，认为情绪劳动是员工持续监控自身情绪表达与展示规则之间的差异，并随后努力采取情绪调节策略降低差异的心理控制过程。Groth等人（2009）也认为，情绪劳动是员工根据组织的期望表达情绪，不断进行自我情绪调节的过程。

表1-2 内在心理过程视角下情绪劳动的定义及结构

研究者	定义	结构
Hochschild（1983）	情绪劳动是对情绪感受的管理，目的是展现公众可见的面部表情和肢体语言	表层表演、深层表演
Morris & Feldman（1996）	基于互动论，认为情绪劳动是员工与顾客互动时，员工按照组织要求表达情绪而需要付出的努力、计划和控制	情绪表达的频率、情绪表达的卷入度、情绪表达的多样性、情绪失调
Jones & James（1998）	认为组织成员在工作中的交往对象不仅包括组织的外部人员，也包括组织的内部成员，认为情绪劳动是"在与外部或者内部利益相关者进行个人交往时，努力调控情绪使之与组织需要表现的情绪相一致"	
Grandey（2000）	基于Gross（1998）的情绪调节过程模型，认为情绪劳动是员工为了实现组织目标而对内在情绪感受和外在情绪表现进行调整的过程	表层表演、深层表演
Difendoorff & Gosserand（2003）	基于心理控制论，认为情绪劳动是员工持续监控自身情绪表达与展示规则之间的差异，并随后努力采取情绪调节策略降低差异的心理控制过程	表层表演、深层表演、自然表达

情绪劳动策略。内在心理过程视角下的情绪劳动研究认为，员工进行情绪劳动时需要采取一定的情绪劳动策略（emotional labor strategies）。目前得到学者广泛认可的情绪劳动策略有表层表演、深层表演和自然表达（Grandey，2000；Diefendorff et al.，2005；Humphrey，Ashforth & Diefendorff，2015）。

表层表演是指员工为了符合组织展示规则要求调整自身的外在情绪表现（如面部表情、声音、语调等），对于需要表现积极情绪的服务人员而言，涉及压抑消极情绪和假装积极情绪两个过程（Ashforth & Humphrey，1993）。当个体表层表演时，由于外在情绪表现和内在情绪体验的不一致，员工会体验到情绪失调。研究显示，表层表演和情绪失调之间有显著的正相关关系（Pugh，Groth & Hennig-Thurau，2011）。

深层表演是员工努力调整内在情绪体验以产生符合展示规则的情绪表现，深层表演带来的外在情绪表现上的改变是间接的，随着内在情绪体验的改变而产生（Ashforth & Humphrey，1993）。深层表演由于将内在情绪体验调整为符合展示规则的情绪，则并未感受到情绪失调。

自然表达（naturally felt emotions）作为情绪劳动策略的提出较晚。表层表演和深层表演发生在个体有意识地觉察到当前的情绪状态和情绪表达目标之间差距的前提下，但二者并非情绪劳动的全部策略。情绪调节相关研究显示，情绪调节的过程可以是自动化的且相当普遍（Bargh & Chartrand，1999）。此外，很多研究显示目标也可以是自动化的（Bargh，Gollwitzer，Lee-Chai，Barndollar & Trötschel，2001），不需要占用注意资源，能够触发明显的行为。同样的，在情绪劳动领域，Ashforth 和 Humphrey（1993）也指出，服务员工通常会真实地感受到他们需要表达的情绪，比如护士面对痛苦的病人自然地感到同情，这种情感无须通过"表演"来伪装，是自发产生的。Diefendorff等（2005）最先采用因素分析的方法，证明了一线员工的情绪劳动策略不仅包含表层表演、深层表演，也包含自然表达。综上，自然表达策略用来指代员工与服务对象互动过程中，自发表现出与组织或职业要求一致的情绪（Humphrey et al.，2015）。

第二章　情绪劳动的理论模型

第一节　情绪劳动内在过程的相关理论

一、行动理论

情绪劳动为组织和个人带来的作用始终是学界关注的议题。Zapf（2002）认为，行动理论（action theory）所提供的理论框架可以应用于理解情绪劳动的内在过程，解释情绪劳动过程中资源损耗的大小。基于行动理论，情绪劳动可能存在三种行动调节模式：基于心智水平的行动调节、灵活模式水平的行动调节和感觉水平的行动调节。心智水平的行动调节是有意识的、缓慢的、大量且资源有限的，并处于逐步反馈的连续模式中；灵活模式水平下的常规行动是储存在长时记忆中的，这种调节不是自动化的，但是只需要很少的注意；感觉水平是最低层次的调节，这种方式的调节大多是无意识的，不需要个人主观的努力，是自动化的。

依据行动理论，深层表演是一种有意识的调节过程，即心智水平的行动调节模式，速度缓慢，而表层表演更容易操作和实现，耗费的心理资源较少，速度较快，对后续的工作影响也较少，即灵活模式水平的常规行动。自然表达（自动化情绪调节）可以看作是感觉水平的调节，无须意识参与，损耗资源最少，速度最快（Zapf，2002）。行动理论为情绪劳动过程资源损耗的大小提供了理论解释，并引入时间维度解释各种情绪劳动策略的时效性。

二、控制理论

控制理论（control theory）可以为情绪劳动的发生过程和影响提供解释框架（Diefendorff & Gosserand，2003）。基于控制理论，情绪劳动的发生过程是一个不断循环的负反馈回路，情绪表现在情境事件的刺激下发生，随后个体会不断地将对情绪表现的自我觉知和组织的表示规则进行比较，判断两者之间是否有差距，并采用相应的策略调整情绪展现行为，以缩小差距，最终使情绪展现与展现规则完全一致（见图2-1）。

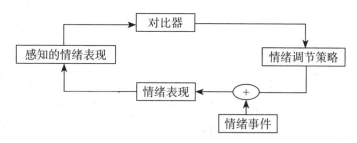

图2-1　控制理论视角下的情绪劳动过程模型

基于控制理论，情绪劳动始于员工对当前自身情绪表现的觉察，并进一步将其与展示规则进行对比，如果情绪表现与目标一致，则不需要进行调整，也无须付出任何意识资源。如果个体的表现与目标之间存在差距，个体会对行为进行调整，被称为输出，输出的情绪表现能够对外在环境施加影响，受到影响后的新环境则会作为新的输入影响员工的情绪表现，以此类推，员工继续进行比对，在有需要的情况下，则会再次产生行为改变，其中情绪事件（如面对粗鲁的顾客）被认为是对情绪表现适当性的重要情境影响因素，能够引发新的自我调节需求（Diefendorff & Gosserand，2003）。

个体启动并维持这一差距监控和缩小过程的努力程度主要受个体对情绪劳动效价认知的影响，效价是指个体对遵循展现规则是否能达成其工作绩效目标和个人目标的评价（Diefendorff & Gosserand，2003）。当员工认为效价高时，会主动地在自我监控、调节、维持的过程中投入更多的注意资源，快速实现并保持行为与规则的一致，若这种受目标驱使的行为结果是好的，便会反过来对目标产生积极影响。反之，当个体认为效价较低时，员工便不会努力地对自己的行为进行监控和调节，导致情绪展现与展现规则间差距的持续存在，这不仅有损于绩效目标，同时还有可能进一步导致个体工作满意度降低，引发职业倦怠。

总之，控制理论为情绪劳动的过程提供了完整的解释框架。不仅阐述了情绪劳动变量之间的关系，也为变量间的关系提供了因果解释。Gabriel和Diefendorff（2015）的研究检验了话务员与顾客互动过程中的情绪事件、情绪体验、情绪劳动策略（包括表层表演和深层表演）、语调（vocal tone）之间的因果关系，验证了情绪劳动控制理论中的因果假设。

三、情绪调节的过程模型

早期情绪劳动的内涵理解缺乏情绪相关的理论基础（Arvey et al., 1998），情绪通常被认为是个体对外在环境的生理唤起和认知评价，通过对个体生理唤起和认知评价的调节则能够控制情绪以达到表现出符合环境展示规则的情绪表现（Goffman，1959），因此，员工能够在工作中对他们的生理唤起以及认知进行调整来符合组织的展示规则，情绪调节的研究可以应用到情绪劳动领域中。Grandey（2000）最先引入情绪调节过程模型（process model of emotion regulation），将情绪劳动看作是员工在工作场所进行的情绪调节，从更加细微的角度考察情绪劳动的内在过程。情绪调节的过程模型认为，情绪调节是个体对自身产生何种情绪、何时产生情绪、如何经历和表现情绪而施加影响的过程，涉及情绪的输入和输出，个体从环境中接收到刺激（输入），以情绪做出反应（输出），环境对于个体来说相当于线索，个体的情绪反应偏好（生理的、行为的、认知的）为个体自身和社会环境中的他人提供了信息（Gross，1998）。依据情绪调节过程模型，个体能够在情绪过程中的不同时间点对情绪进行调节，大体可以分为先行关注的情绪调节和反应关注的情绪调节。先行关注的情绪调节是个体通过对环境的修正或者是对环境的认知的修正来调整情绪，包括情境选择、情境修正、注意转移和认知改变四种方式。反应关注的情绪调节是指个体调整外在的情绪反应，通过对生理唤起和行为反应的影响而实现。反应关注的情绪调节策略是指个体表现出了未感受到的情绪，或是压抑真实情绪以达到展现适当情绪的目的，仅调整外在表现，而不像先行关注策略那样调整内在感受（见图2-2）。

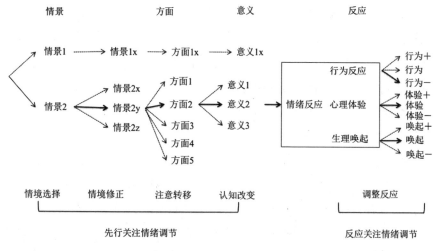

图2-2　情绪调节的过程模型（Gross，1998）

Grandey（2000）认为，情绪劳动的内在过程恰好符合情绪调节过程模型的理论观点，情绪劳动中表层表演策略相当于反应关注的情绪调节策略，深层表演策略相当于先行关注的情绪调节策略，工作中的事件能够引发员工的情绪反应（如愤怒、悲伤、焦虑等），而依据组织展示规则这些反应是不恰当的（如言语攻击、哭泣、抱怨等），员工需要采取情绪劳动策略来调整自身反应。

第二节　情绪劳动影响因素及效应的相关理论

一、工作要求–资源模型

工作要求–资源模型由Demerouti等（2001）提出，认为工作环境的特征可以被分为两类，工作要求和工作资源。工作要求一般是指工作对员工的生理、社会或组织对员工的要求，工作资源一般是指工作中能够帮助员工实现工作目标、减少工作要求、降低生理和心理损耗以及促进个人成长与发展的工作相关内容，工作要求和工作资源的类型需视研究具体情境而定。

工作要求和工作资源能够引发两种单独的心理过程：健康损害过程和动机过程（Lewig, Xanthopoulou, Bakker, Dollard & Metzer, 2007; Schaufeli, Bakker & Rhenen, 2009）。基于健康损害过程，高工作要求需要员工付出持续努力，会损耗员工的心理资源进而导致健康问题。基于动机的过程，工作资源能够带来组织承诺和工作投入，工作资源由于潜在的动力，促使员工实现目标。已有研究也发现工作中的多种工作资源（如支持或培训）能够提升工作投入。

根据工作要求–资源模型，情绪劳动中的展示规则可视为工作要求，员工采取具体情绪劳动策略来符合职业或组织的展示规则，是对情绪资源的投入和损耗。员工对资源的投入与分配可能取决于两个因素：一是员工所具备的工作资源和个体资源，二者决定了员工资源的保有量，资源保有量高的员工意味着具备足够资源可以用于投入；二是员工进行资源投入后带来的结果，若得到的是消极结果，为减少资源的进一步损耗，员工在随后的情绪劳动中会减少资源的投入。

二、Morris 和Feldman（1996）的模型

Morris和Feldman（1996）基于人际互动视角提出了四维度的情绪劳动，并在此基础上对前人研究结果进行梳理，构建了情绪劳动的因果模型，见图2-3。

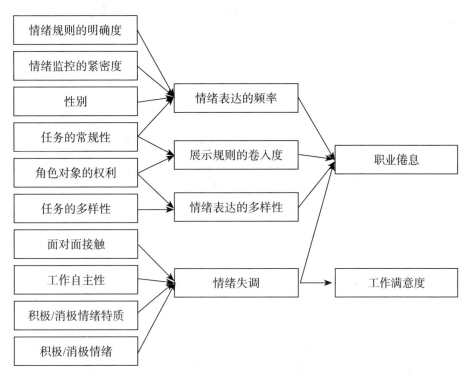

图2-3 Morris和Feldman（1996）的情绪劳动因果模型

该模型认为情绪劳动的维度包括情绪表达频率、展示规则卷入度、情绪表达多样性和情绪失调。这四个维度分别受到个体水平变量（性别、积极/消极情绪性等）和组织特征变量（如任务多样性、工作自主性、工作任务的常规性等）的影响，同时这些因素会通过情绪劳动间接影响到情绪耗竭和工作满意度。此外，情绪表达频率、多样性以及对情绪表达规则的专注水平可能导致的结果是情绪耗竭，只有情绪失调维度会对工作满意度产生影响。

该因果模型提出较早，对于情绪劳动的维度界定及各维度的前因后果的证据支持不够充分，仅从少数的几个研究对其进行了推论。且如前所述，Morris 和Feldman（1996）基于印象管理理论，认为情绪劳动的理论维度既包含工作特征（互动频率、多样性等），也包含内在过程（情绪失调）。然而，仅用互动频率无法准确界定情绪劳动（Grandey，2000），且该模型仅指出工作特征和情绪失调之间存在相关关系，而后续学者的理论观点和实证研究结果发现，工作特征属于情绪劳动的内在心理过程的影响因素（Grandey，2000；Côté，2005）。可见，该模型具有明显的局限性，后续研究更多采纳了该模型中情绪失调维度及其前因和后果的理论思想。

三、Grandey（2000）的情绪劳动因果模型

根据情绪调节过程模型，Grandey（2000）将情绪劳动定义为表层表演和深层表演两个维度，并在此基础上提出了情绪劳动的因果模型（见图2-4）。该模型中，情绪劳动的影响因素被分为四类，结果变量有两类。影响因素包括：互动期望（频率、多样性、持续时间和展示规则）、个体因素（情绪智力、情绪表达性、性别、积极/消极情绪性）、情绪事件因素（积极事件和消极事件）和组织因素（工作自主性和组织支持）。这些变量能够通过情绪劳动影响员工的工作满意度和职业倦怠，同时也能够预测组织的绩效和工作活力。

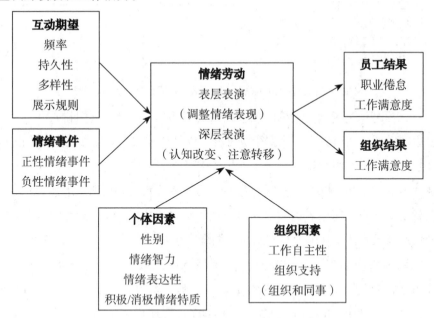

图2-4 Grandey（2000）提出的情绪劳动因果模型

该模型强调不同的组织和工作特征以及个体差异能够对情绪劳动的不同维度产生影响。虽然对于情绪劳动各维度的影响因素有多种，但该模型关注的是对情绪劳动维度影响作用最大的那些因素。从情绪调节过程模型

来看，外在情境扮演着诱发情绪的作用，在员工的服务情境中，最重要的外在环境因素是与服务对象的互动以及组织的期望。可以通过对长期的情绪表现期望以及员工面对顾客时实际发生的情绪反应事件来考察。

情绪事件是该模型中首次提出的情绪劳动影响因素。根据情感事件理论（Weiss & Cropanzano，1996），工作中的情感事件能够解释员工的态度和行为。由于情感事件对员工情绪产生影响，进而会引发情绪调节以展现符合组织要求的情绪。员工会对事件进行评价，评价结果会对员工的幸福感产生影响。当事件与员工的目标冲突时，员工会将该事件评价为负性事件，会使员工感到压力。如果情绪事件诱发的是积极情绪，则能够帮助员工展现出符合展示规则的情绪，那么员工可以不进行情绪调节，表现出自发的情绪。

相较于Morris 和Feldman（1996）的因果模型，Grandey（2000）的因果模型将情绪劳动具体化为表层表演和深层表演两种策略，便于考察不同情绪劳动策略的影响因素和作用。虽然该模型将情绪劳动的维度、影响因素以及结果进行了系统的整合，但并未深入探究这些影响因素对情绪劳动作用的内在机制。

四、Humphrey等（2015）提出的情绪劳动因果模型

员工的认同（identity）在情绪劳动过程中发挥重要作用，早期学者认为认同能够调节情绪劳动的效应，员工的认同水平越高，情绪劳动带来的消极作用越小，积极作用越大（Ashforth & Humphrey，1993）。Humphrey等（2015）指出，认同能够调节情绪劳动与结果变量之间的关系，更重要的是，认同是影响员工情绪劳动的重要因素（见图2-5）。

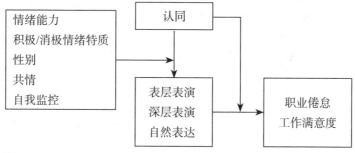

图2-5 Humphrey，Ashforth 和Diefendorff（2015）的情绪劳动模型

Humphrey等（2015）认为，随着对角色的认同水平的提高，情绪劳动对员工而言越来越重要。高认同的员工将组织展示规则内化，并且将组织目标融入个体目标结构中，提供高质量的情绪劳动则成为个体的内在目标，员工的角色认同则能够被激发并调节自身的情绪表现。那么，员工的认同水平越高，越可能自然表达出符合组织要求的情绪，也就是越倾向于自然表达。需要注意的是，在某些条件下，高认同水平的员工也有可能采取需要付出努力的表层表演和深层表演策略，原因有三：第一，员工可能是新手，对符合职业要求的情绪体验不够深刻；第二，员工可能欠缺某些特征，如情绪调节能力、情绪表达性等；第三，员工即时的情绪体验对表现要求情绪产生了阻碍，如顾客对员工表现出不公平或员工由于个人原因情绪不佳等。

员工的认同水平不仅能够影响其情绪劳动策略，也能够对情绪劳动策略与结果变量之间的关系产生影响。有研究认为由于表层表演和深层表演需要耗费员工的心理能量，不论何种策略（表层表演抑或是深层表演）均会带来即时疲劳感和长期的职业倦怠（Côté，2005），因此，员工需要避免进行表层表演和深层表演。然而，当员工高度认同自身职业要求，就会自愿地采取表层表演和深层表演，可以理解为是员工对更高水平目标的践行，表层表演和深层表演是达到更高目标的手段和途径（Humphrey et al.，2015）。那么，对于高认同的员工，表层表演和深层表演能够保持和增强员工认同的价值观念，促进个体的自我真实感。认同能够缓冲表层表演所产生的消极作用。

总之，依据Humphrey等人（2015）的观点，个体对角色的认同程度越高，越倾向于投入到情绪劳动中以实现角色要求，符合角色的情绪要求是员工对自我的践行。认同是员工进行何种情绪劳动策略的重要影响因素，也可以作为员工情绪劳动和结果变量之间的保护性因素，即高认同的员工进行表层表演后，由于表层表演符合了其更深层次的目标，因此会带来更少的消极结果。此外，认同和员工的情绪劳动策略之间可能存在多个调节变量，如员工的情绪智力、员工的情绪状态、工作经验等。

第三章　情绪劳动的影响因素

第一节　特质类影响因素

　　根据控制理论，员工经常体验的情绪会影响其情绪表现和外在要求之间的差距，差距决定后续采取的情绪劳动策略，因此在情绪体验方面的个体差异能够影响员工的情绪劳动（Diefendorff & Richard，2003；Kammeyer-Mueller et al.，2013）。服务行业的展示规则一般要求员工表现积极情绪，外倾性（extroversion）、神经质（nervousness）、宜人性（agreeableness）、尽责性（conscientiousness）、积极情绪特质（positive affectivity）、消极情绪特质（negative affectivity）以及自我监控（self-monitoring）被认为是与员工情绪劳动密切相关的特质因素。

一、大五人格

　　外倾性、神经质与个体的情绪体验密切相关，进而影响员工的情绪劳动。研究显示，外倾个体更容易体验到积极情绪，采用更多的自然表达和更少的表层表演（Diefendorff et al.，2005；Mesmer-Magnus，Dechurch & Wax，2012；Kammeyer-Mueller et al.，2013），神经质显著负向预测深层表演（黄敏儿，吴钟琦，唐淦琦，2010）

　　宜人性反映了个体在通过社会行为发展和保持积极人际关系方面的需要，宜人性高的个体会尝试通过深层表演来展示真实的情绪或者是自然表达，而不是表层表演（Diefendorff et al.，2005；Kiffin-Petersen，Jordan & Soutar，2011），说明宜人性高的个体可能更容易在人际互动中体验到积极情绪，同时在情绪调节中付出更大的努力，并且他们知道如果表现出不礼貌会带来消极结果。

尽责性反映了个体的认真程度和责任心水平，尽责性高的个体会更遵守展示规则。研究结果显示，尽责性能够显著负向预测表层表演，但与深层表演无关（Diefendorff et al.，2005），行事风格（类似于责任心）与自然表达正相关（黄敏儿 等，2010）。

二、其他情绪相关特质类影响因素

研究发现，特质消极情绪与表层表演正相关，特质积极情绪与表层表演负相关（Brotheridge & Grandey，2002；Brotheridge & Lee，2003）。还有研究结果显示，当员工在具有较高水平的情绪要求团队中工作时，积极情绪和深层表演之间呈显著正相关，且在个体–工作匹配高的条件下，二者间的相关更高（Diefendorff et al.，2011）。

情绪表达性（emotional expressivity）指个体向外展示情绪（无论积极或消极）的程度的一种特质，情绪表达性高的个体能够展现更多符合要求的情绪，影响员工是否需要进行情绪调节。研究显示，积极情绪表达性与表层表演负相关，与深层表演无关（Grandey，2000），说明情绪表达性低的个体可能更需要伪装情绪表现来达到要求，而高情绪表达性的个体则不太需要表层表演。

自我监控是指个体依据具体情境的适应性情绪表现而对情绪表现进行的自我观察和自我控制（Snyder，1974），高自我监控的个体会采取与组织要求一致的行为，而低自我监控的个体则不然，研究显示，自我监控与表层表演正相关，与深层表演无关（Brotheridge & Lee，2002；Diefendorff et al.，2005）。

还有研究考察了情绪稳定性（emotional stability）对情绪劳动的影响，如Kiffin-Petersen等（2011）针对多种职业的研究发现，情绪稳定性低的个体更倾向于使用表层表演，并报告更高的情绪耗竭水平。

第二节 动机与能力类影响因素

一、工作动机

除了个人特质，员工动机对情绪劳动也具有显著作用，影响着员工进行情绪劳动的意愿。研究显示，具有较强的亲社会动机（proactive motivation）或顾客导向（customer orientation）的员工更倾向于采用深层表演（Allen et al.，2010；Gabriel，Daniels，Diefendorff & Greguras，2015），那些并未内化组织工作整体目标的员工更喜欢采用表层表演（Ozcelik，2013），对展示规则作出承诺的个体会采用表层表演和深层表演两种策略，说明二者均是有效的（Gosserand & Diefendorff，2005）。基于自我决定理论的研究发现，表现积极情绪的自我决定程度越高，员工越倾向于更多的使用自然表达、深层表演策略，更少的使用表层表演策略（Cossette & Hess，2012）。此外，还有研究显示，员工的动机还能够在展示规则感知与情绪劳动策略之间起调节作用，展示规则承诺和顾客服务导向均能够调节展示规则感知与情绪劳动策略之间的关系，低展示规则承诺和低顾客服务导向的员工，展示规则感知和情绪劳动策略（表层表演和深层表演）之间的相关更弱（Gosserand & Diefendorff，2005；Allen et al.，2010），说明员工并没有接受和内化组织的展示规则，也就不会进一步投入资源来调整自身的情绪表现。

还有采用动机分类的研究发现，某些员工情绪劳动的动机是获得社会或金钱上的奖励，某些员工的动机是让他人感受到愉悦，或者是与专业规则一致（Bolton & Boyd，2003）。采用经验取样法（experience sample method）的研究显示，员工日常的情绪劳动动机有三种，愉悦性动机、预防性动机和工具性动机。愉悦性动机强的个体，深层表演和自然表达更多，表层表演更少，预防性动机和工具性动机强的个体，表层表演更多（Gilsa et al.，2013）。

二、情绪劳动能力

对情绪劳动能力的研究主要集中在情绪智力。情绪智力（emotional intelligence）属于社会智力的分支，是个体监控自己和他人的情绪、情感并对其作出区分，使用这些信息来指导自己思维和行为的能力（Salovey & Mayer，1990），包含四个成分：准确觉察与表达情绪的能力、使用或产生促进思维情绪的能力、理解情绪和情绪知识的能力、促进情绪和智力成长的能力。情绪智力高的个体在感知、理解、分析、调节情绪方面都更加"得心应手"。研究显示，采用自陈的能力或特质取向量表的研究结果发现，情绪智力与深层表演之间呈正相关，与表层表演呈负相关（Mesmer-Magnus et al.，2012），Kim等（2013）的研究也得到了相同结果。这些研究结果说明那些"自我感觉良好"的个体更容易采用积极的方式应对而非消极的方式。也有研究采用客观测量情绪智力的方法，与自陈测量的结果有所差异，如有研究发现，情绪智力的情绪调节知识维度与表层表演和深层表演均呈正相关（Grant，2013），说明这些个体能够认识到不同情绪调节策略的价值。也有研究直接利用指导语增强或者抑制被试情绪表现的能力，结果发现这些能力能够有效促进人际关系，同时也对工作绩效有益（Bananno et al.，2004；Côté，Gyurak & Levenson，2010）。相似地，有研究表明，情绪自我效能以及同事评价的情绪胜任力能够帮助员工更加有效地投入情绪劳动中（Pugh et al.，2011；Giardini & Frese，2006）。Gabriel 和 Diefendorff（2015）直接测量感知到的情绪能力和情绪要求之间的匹配程度，发现感知到的情绪要求–能力匹配能够预测服务员工情绪劳动的潜在类型。

第三节　人口学变量类影响因素

一、情绪劳动的性别差异

由于社会化过程的差异，与女性相比，男性受到的教育要求他们抑制情绪的表达（Underwood，Coie & Herbsman，1992），轻易表现情绪被认为是非"男子气概的"，因此不同性别员工在情绪劳动策略的使用上具有差异。研究显示，男性更倾向于抑制他们的情绪表达，采用更多的表层表演策略。且情绪劳动策略的性别差异具有跨年龄的稳定性（Blanchard-Fields，Renee & Watson，2004）。Cheung 和 Tang（2010）的研究也发现，与女性相比，男性采用更多的表层表演策略。

二、情绪劳动的年龄差异

根据社会情绪选择理论（socioemotional selectivity theory），当人们认为时间充足时，会更加努力获取信息并开拓视野、增长知识（Carstensen，Mikels & Mather，2006），而当人们意识到时间有限时（尤其是在老年期），他们会更加倾向于追求情绪上的满足和愉悦，因此，年龄越大的个体会在情绪调节上投入更多的资源，如在情绪任务上分配更多的认知资源，那么，年龄越大的个体越容易采用深层表演策略，较少采用表层表演策略。此外，John 和 Gross（2004）认为，当个体成熟并且获得生活经验，他们更加擅长使用先行关注的情绪调节策略（如认知重评），并且年长的个体更少地使用反映关注的情绪调节策略（如表达抑制）。多项实证研究结果表明，年龄与深层表演和自然表达正相关（Carstensen & Mikels，2005；Dahling & Perez，2010；Cheung & Tang，2010），意味着年长的个体在工作中并不仅仅是调整他们的外在情绪表现，更多地采用深层表演以重新解读互动的意义。

三、文化背景类影响因素

支配个体情绪互动的感受规则或者展示规则，来自特定文化、社会与组织的规范体系，那么这些要求或法则在不同文化情境中应当有所区别，Mesquita 和 Albert（2007）认为，由于不同文化下的社会规则具有差异，只有在具体的文化情境中才能够真正完整地理解情绪劳动，组织的展示规则可能会受到不同文化背景下展示规则的影响。如 Mesquita（2006）最早对日本和美国被试的对比研究发现，美国被试对于顾客的冒犯行为的负性反应更大，倾向于维护个人权利和自主性，仅在必要的情况下会进行情绪劳动以维护人际关系，而日本被试在面对顾客冒犯行为时，更倾向于保持或者是重建和谐的关系，情绪应对以关系和谐作为目标。随后，大量研究也发现，集体主义文化背景下的被试更倾向于采用深层表演策略（Matsumoto，Yoo & Nakagawa，2008；Novin et al.，2009；Soto et al.，2011）。

第四节　组织层面影响因素

一、情绪展示规则

情绪展示规则是情绪表现适当性的标准，或是员工约定俗成的对于情绪表现的信念或规则（Ekman，1973）。服务行业的情绪展示规则一般来说是"整合"的规则，包括表现积极情绪和隐藏消极情绪两种规则，但在某些职业中也要求消极的或中立的表现（如警察、律师等）。研究显示，情绪展示规则对员工情绪劳动具有预测作用。如Grandey（2002，2003）发现，展示规则感知与深层表演正相关，Brotheridge 和 Lee（2003）的研究也显示展示规则与深层表演和表层表演之间均呈正相关。将积极展示规则（表现积极情绪）和消极展示规则（抑制消极情绪）进行区分之后，采用二维的量表进行测量，Brotheridge 和 Grandey（2002）发现两种展示规则均与表层表演和深层表演正相关。Diefendorff 等（2005）的研究却发现积极展示规则能够单独预测深层表演，消极展示规则仅能预测表层表演，说明当个体感受到表现积极情绪的要求时，会试图体验积极的情绪，当个体感知到抑制消极情绪的规则时，更多的伪装出符合要求的情绪表现。元分析结果显示，展示规则能够在控制情绪特质后仍然显著预测情绪劳动（Kammeyer-Mueller et al.，2013；Mesmer-Magnus et al.，2012）。上述研究结果说明组织对员工情绪表现的要求会影响个体如何进行情绪劳动。

除考察个体水平感知的展示规则之外，展示规则还可以看作是组织水平的变量。组织水平的展示规则，是指组织内成员共有的关于表现情绪的信念，会影响员工如何调节情绪。研究显示，同一医院的医护人员具有相同的展示规则，这些组织水平的规则能够在个体水平的展示规则感知外单独预测员工的情绪劳动（Diefendorff et al.，2011）。Christoforou 和 Ashforth（2015）发现，组织水平展示规则与展示真实性之间的关系是倒U型曲线，可能是由于展示规则的强度适中时，表层表演会更少。最后，还有研究发现，如果文化背景中的情绪展示规则与职业或者组织展示规则不一致，那么员工就需要进行更多的情绪劳动（Mesquita & Delvaux，2013）。

二、人际互动特征

工作中人际互动的特征，如人际互动的频率、持续性和重复性被认为是情绪劳动的影响因素。

互动频率（frequency）指员工与顾客互动的频繁程度，Morris 和 Feldman（1996）认为当工作要求频繁与他人互动，员工会产生更强的调节情绪表现的需要。Brotheridge 和 Lee（2003）、Brotheridge 和 Grandey（2002）的研究发现互动频率与表层表演和深层表演之间均呈正相关。

持续性（duration）是指人际互动持续的时间长度。Morris 和 Feldman（1996）认为，随着互动时间的增加，员工更容易暴露真实的自己，更容易表现出真实感受到的情绪，因此，随着互动时间的增加，个体需要付出更多的努力进行情绪调节，为了维持长时间的情绪表现，情绪调节的难度也随之增加，个体则更倾向于选择深层表演。

重复性（repeatability）是指与顾客互动是重复性的和草稿式的（scripted），Sutton 和 Rafaeli（1988）指出，当互动是重复性的，顾客可能会更偏爱不带个人色彩的但是展现积极情绪的互动。Diefendorff 和 Gosserand（2005）的研究表明，程序性和持续时间能够显著单独预测深层表演，说明更长的互动或者更少的程序性互动能够带来更多感受组织要求情绪的尝试，也表明环境变量对深层表演的预测作用更大。

三、情绪事件

依据控制理论，个体行为是为了不断缩小个体当前状态和环境目标之间的差距（Diefendorff & Gosserand，2003）。员工与服务对象互动中的情绪事件可能会引发消极情绪体验，带来情绪体验与目标间的差距，进而会影响员工的情绪劳动。导致服务业员工消极情绪体验的情绪事件主要来自顾客的消极行为（如顾客不公平、言语霸凌、欺负行为等）。研究显示，感受到顾客不公平或者虐待的员工倾向于使用表层表演（Grandey，Dicker & Sin，2004；Rupp et al.，2008；Sliter et al.，2010）。采用实验法的研究也发现，员工面对无礼的顾客时会产生消极情绪，同时会引出更多的表层表演和深层表演来减少人际目标之间的差距（Goldberg & Grandey，2007；Rupp & Spence，2006；Spencer & Rupp，2009）。还有研究采用经验取样法考察员工情绪劳动的个体内差异，结果显示，当顾客表现出不高兴或对服务不满意时，员工会报告更多的表层表演，更少的深层表演（Totterdell & Holman，2003）。也有研究通过操纵即时的情绪事件（比如顾客无礼貌）来减少积极情绪（增加差距），结果发现确实引发了快速的表层表演和慢速的深层表演，情绪调节的两种形式都能够缓解消极情绪并影响旁观者对情绪表现的评估（Gabriel & Diefendorff，2015）。

另外，也有研究强调人与环境交互作用对员工情绪劳动的影响，关注情境因素和个人特质因素的跨层交互作用。有研究发现，组织水平的展示规则在个体水平的展示规则感知和情绪劳动策略之间起调节作用，组织水平的展示规则越强，二者之间的关系更强（Diefendorff et al.，2011）。刘喆（2016）的研究结果显示，领导风格（服务型领导）能够跨层影响服务人员的工作投入，进而影响情绪劳动策略的选择。

四、组织支持

组织支持是指组织对员工贡献与价值的肯定以及组织关心员工幸福的程度（Eisenberger et al.，1986），是重要的工作资源。相关研究显示，当员工处于支持性的环境中，情绪调节更少，情绪调节带来的压力也更小

（Demerouti et al.，2001），组织支持能够直接预测员工的情绪劳动策略，员工的组织支持感能够减少表层表演，带来更多的深层表演（Hur，Moon & Jun，2013；Mishra，2014），说明深层表演受动机驱动，其目标不是通过改变情绪感受以调整情绪表现。除组织支持外，领导风格也被认为是影响员工情绪劳动的重要因素，Liang等人（2016）的研究显示，变革型领导力能够增加护士的情绪努力。Chi等人（2018）的研究也发现，变革型领导能够提升员工的深层表演，进而使员工表现出更多的主动服务行为，辱虐型领导则会增加员工的表层表演，进而使员工表现出更少的主动服务行为。

可见，情绪事件因素对员工情绪劳动策略的影响研究逐渐趋于细化，了解员工情绪劳动中的情绪事件，能够为减少员工情绪失调，改进服务中的人际互动质量带来启示。然而，以往研究通常依据情感事件理论（affective events theory），以情绪失调为内在机制解释情绪事件和员工情绪劳动策略的关系，缺少对认知机制的考虑。Amarnani等人（2019）基于自我价值理论（self-worth theory）指出，除情绪机制外，顾客的消极对待会影响员工的自尊水平，但有待于研究进一步验证。

第四章　教师的情绪劳动

第一节　教师情绪劳动的相关研究

一、教师情绪劳动的特点

前述研究大多围绕商业组织服务人员展开，教师群体的情绪劳动近年来得到了学者的关注，教师的情绪劳动研究与商业服务人员的情绪劳动既有联系又存在一定的区别，教师职业涉及关爱伦理（ethic of care），具有其自身的特点。

首先，商业服务人员更关注物质交换价值和情绪的外在表现，而教师群体的情绪劳动则更多的是对情感的实践或表达（emotional practice）。其次，从情绪劳动的对象来看，教师进行情绪劳动的对象具有长期性、稳定性的特征，通常会形成稳定的人际关系，那么对象的情绪体验与满意等方面的反馈对教师而言意义更大。最后，教师情绪劳动的目标与服务人员不同，服务人员的情绪劳动具有商业价值，更容易受外部奖励等条件的影响，教师的教学中包含了"个体养成，归属、热情和关爱"等内容（O'Connor，2008），教师在教学中进行情绪劳动的目的是为了学生的发展与成长（Bolton，2007）。

已有研究发现，情绪劳动对于教师等涉及关爱伦理的职业来说，研究结果与商业组织服务人员具有一定差别。如Brotheridge 和 Grandey（2002）最先对关爱职业（包括儿童看护、社会工作者）和其他职业（包括酒店服务人员、银行柜台员等）进行了对比研究，结果发现，尽管关爱职业人员（human service professional）在情绪劳动的互动频率、强度、持续时间、情绪表达多样性都是最高的，但其去人性化水平最低，成就感水平最高，说明关爱职业人员的情绪劳动能够带来更多的意义感和成就感。尹弘飚（2009）等对高中教师进行长期访谈与观察发现，教师职业情绪感受与表达的五项情绪法则为：有激情、隐藏消极情绪、表现积极情绪、利用情绪实现教学目标、有幽默感；对中国高中教师来说，情绪劳动可以转化成本土化概念--"操心"，中国教师反复用"操心"归纳教学工作繁重辛苦的根源，并将其区别于体力劳动和脑力劳动。Brown等人（2014）的研究结果表明，虽然学校通常不会对情绪展示规则做出清晰的规定，但教师在工作中必然会使用情绪调节策略，当教师的情绪体验与其理想的情绪表现之间有差距时，教师倾向于表层表演以表现出关爱学生、热情的教师形象。

综上，对于教师群体而言，其工作中的情绪管理更为复杂，不仅要在单纯的外在情绪表现上符合职业要求，更是基于"教师应当发自内心关爱学生"的社会期望的意义建构，并不偏重商业交换价值。

二、教师情绪劳动的测量

对教师群体情绪劳动的维度界定沿用了商业服务人员情绪劳动量表的理论维度，测量工具以修订典型服务行业情绪劳动测量工具为主，如邬佩君（2003）修订了Grandey（2003）的量表使其适用于幼儿教师群体，包括表层表演和深层表演两个维度，共13个项目；刘衍玲等人（2007）编制了中小学教师情绪工作问卷，采用频率为作答方式，得分越高表明教师使用该策略的频率越高，包括表层表演、深层表演和自然表达三个因子；Cukur（2009）认为教师情绪劳动包含表层表演、深层表演、自然表达和情绪偏离四个维度，编制了"教师情绪劳动量表"，用以测量教师面对学生时采用的情绪劳动策略。孙阳（2013）和Yin等（2013）均对Diefendorf（2005）的量表进行了修订，使其分别适用于我国幼儿教师群体和中小学教师群体的情绪劳动测量。

三、教师情绪劳动的作用

已有研究通常将职业倦怠、工作满意度、离职意愿等作为结果变量来考察教师情绪劳动的作用。教师情绪劳动的作用与商业组织服务人员类似，教师的表层表演往往带来消极结果而深层表演和自然表达则能够带来积极效应，如Philipp 和 Schüpbach（2010）的研究结果表明，教师情绪劳动的效果会影响教师未来情绪劳动策略的使用。孙阳（2013）的研究发现，幼儿教师的表层表演能够正向预测情绪耗竭，深层表演和自然表达能够负向预测情绪耗竭。Yilmaz等人（2015）的研究结果发现，教师的表层表演能够正向预测职业倦怠维度中的去人性化和情绪耗竭，而自然表达能够负向预测去人性化和情绪耗竭，深层表演与去人性化和情绪耗竭之间无显著相关关系。教师更多使用深层表演是由于深层表演能够诱发积极的或中性的情绪状态（Scott & Barnes，2011），进而能够拓展教师的思考和行动系统，教师会在未来工作中进一步使用这一策略。Lee和Van Vlack（2017）的研究发现，自然表达能够负向预测教师的职业倦怠。有研究设计了认知重评干预方案对教师的深层表演和自然表达加以促进（刘萱，2015）。

基于上述研究结果，可以发现，教师使用不同情绪劳动策略会带来差异性结果，促进教师深层表演、自然表达，减少教师的表层表演对促进教师职业健康有重要现实意义。

四、教师情绪劳动的影响因素

（一）教师情绪劳动的内部影响因素

职业认同。根据Kelchtermans 和Ballet（2002）的观点，教师的职业认同塑造了其情绪体验并起到指导教师专业行为表现的作用，教师依据自身的信念系统来确定工作中如何表现，职业认同水平高的教师，情绪表现和自我形象之间达到和谐统一。因此，职业认同被认为是影响教师情绪劳动的重要因素。Sutton（2004）最早对教师情绪劳动开展了访谈研究，结果发现，教师将情绪劳动视为自身职业的重要组成部分。教师认为自身进行情绪劳动能够展现符合社会期望的教师的情绪形象（emotional image），教师通常对其专业具有较强的个人承诺，教师的情绪引导了其认同的形成，教师调节情绪的目的是体现专业形象及与学生保持良好的关系，20%的教师表明他们调节情绪是很自然的现象，教师通常将情绪调节内化为自身行为标准。此外，某些教师调节情绪是因为他们觉得在学生面前表现出消极情绪是令人羞愧的，教师调节自身的情绪以确保自身的专业形象。Truta（2014）的研究也显示，教师对展示规则的内化程度与自然表达正相关，对展示规则的忍耐度与表层表演正相关。可见，教师的职业认同是其进行情绪劳动的重要影响因素，教师的职业认同水平越高，越倾向于自发地表现出符合组织要求的情绪（深层表演和自然表达）。

情绪智力。教师的情绪智力与其运用不同情绪劳动策略的倾向有关，也能够在情绪工作要求与情绪劳动之间起调节作用。研究显示，教师的情绪智力与教师运用深层表演与自然感受情绪的表达、教学满足感存在显著的正相关（Yin et al.，2013；Yin，2015），说明教师的情绪智力水平越高，就越倾向于运用除表层表演之外的其他更为复杂的情绪劳动策略（如深层表演中的认知重评、换位思考等）。也有研究考察情绪智力在教师感知的展示规则和情绪劳动之间的调节作用，结果发现，体验到更多情绪要求的教师会更多采用表层表演，更少的自然表达，这一作用对于高情绪智力的教师而言更强（Yin，2015）。还有研究显示，对于情绪智力高的教师而言，消极情绪和表层表演之间的正相关越高，积极情绪和自然表演之间的相关也更强（Karim & Weisz，2011）。

人口统计学变量。尹珊珊（2015）的研究结果表明，教龄在16年以上的幼儿教师常使用表层表演。孙阳（2013）对幼儿教师进行为期一年的跟踪调查发现，教龄不满一年和教龄6~10年的教师，深层表演先平稳发展，随后显著提升，而具有11年以上教龄的教师，深层表演先平稳发展，而后显著下降，1~5年教龄组教师，深层行为发展较为平稳，变化不明显，教龄处于6~10年的幼儿教师，表层表演趋于平稳，而具有11年以上教龄的教师表层表演先平稳发展，随后显著下降。秦旭芳（2019）的研究发现，幼儿教师在工作中使用较多的是深层表演策略和自然表达策略，同时不同任教年级、工资、年龄、学历、教龄以及婚姻状况等均对幼儿教师情绪劳动策略的使用有所影响。Akin（2014）的研究发现，与女性教师相比，男性教师表现出更少的表层表演和深层表演。

除上述影响因素外，还有研究发现教师的幽默风格（Liao et al，2020）、共情（Wróbel，2013；王阳 et al，2018）、愤怒情绪（Keller et al，2014）、心理资本（毛晋平、莫拓宇，2014）、对同事的信任（Yin，Huang & Lee，2017）等个体内部因素也能够对其情绪劳动产生影响。

（二）教师情绪劳动的外部影响因素

针对教师群体情绪劳动的外部影响因素研究较少，以校园氛围和情绪工作要求感知为主。相关研究显示，教师对校园氛围的评价越高，越会报告更多的深层表演而非表层表演（Yao et al. 2015）。Maxwell和Riley（2016）的研究考察校园环境特征对教师情绪劳动影响，结果显示，情绪要求能够显著正向预测教师的三种情绪劳动策略。Yin（2015）的研究结果发现，对中国教师而言，感知的情绪工作要求越高，三种情绪劳动策略的水平也更高。

通过对教师情绪劳动的研究的梳理可以发现，针对教师群体的情绪劳动研究基本遵循了一般商业组织情绪劳动研究的基本研究思路，研究方法上多采用量化研究将教师情绪劳动作为中间变量考察其在影响因素和结果变量之间的中介效应，针对教师群体的质化研究较少（Brown et al.，2014）。在相关量化研究中，多采用横断的研究设计获取数据，研究结论容易受到共同方法偏差的影响。更重要的是，当前教师情绪劳动影响因素的研究较为零散，多从单一视角考察前因变量对情绪劳动的直接作用，缺乏对其间内在机制与边界条件的探索，有待于研究进一步深入和拓展。

第二节　家园沟通中幼儿教师的情绪劳动

家园沟通（teacher-parent communication）是指幼儿教师与家长之间围绕幼儿相关问题进行的沟通（刘云艳，陈希，2016；孙芳龄等，2018），也有研究将其称为亲师沟通（夏梦，2019）。儿童的社会化是学前教育的重要内容，家庭是个体社会化的起点，幼儿园能够不断拓展个体社会化的范畴与内涵，两者互为补充，形成教育合力更有利于促进儿童的社会化（孙芳龄等，2018）。我国相继出台的《国务院关于加强教师队伍建设的意见》《幼儿教师专业标准（试行）》《3～6岁儿童发展指南》以及《全面深化新时代教师队伍建设改革的意见》等政策文件均指出，家庭、幼儿园和社会应当共同努力，为幼儿创设温暖、关爱、平等的家庭和集体生活氛围，促进幼儿身心全面健康发展。可见，家园沟通既是开展学前教育活动的现实需要，也是国家对学前教育活动的明确要求。

为实现和谐高效的家园沟通，幼儿教师与家长沟通中需要展现适宜的情绪，营造良好的沟通氛围，需要付出大量的情绪劳动，究其原因，一方面，展现恰当的情绪是职业对幼儿教师的基本要求，另一方面，由于家长和教师在认知上存在冲突以及相互关系的不平衡，家长对孩子有更为积极的评价且具有较强的情感因素，而教师对幼儿的评价则更为理性、全面，导致幼儿教师与家长的沟通中往往存在着大量的不一致甚至是冲突（王娟，2019；孙芳龄等，2018）。唐鑫（2012）的研究发现，家园合作中亲师双方在亲师教育观念一致性、教育责任以及家园合作方式等方面存在冲突，且冲突具有中介性和隐蔽性。夏梦（2019）的研究也显示，家长与幼儿教师沟通中存在的问题主要有家园观念冲突、合作方式单一、家园互动不畅等。在职业和园所双重的情绪展示规则要求下，为与家长达成教育共识，增进信任感，提高家园共育质量，幼儿教师在家园沟通中付出着相当大的情绪劳动，过程中消耗着大量的心理资源，势必对其职业心理产生重要的影响。

已有研究更多的将幼儿作为幼儿教师情绪劳动的对象（Fu，2015；孙阳，张向葵，2013；Yin，2015；秦旭芳，丁起名，2019），忽略了幼儿教师与家长沟通过程中的情绪劳动。相较而言，幼儿教师在家园沟通中的情绪管理更加符合情绪劳动的基本内涵：首先，为营造良好的家园沟通氛围，提升沟通质量，幼儿教师与家长的沟通需要符合一定的情绪展示规则，如积极主动地与家长沟通，热情接待家长并耐心、细致地回答家长提出的问题；其次，我国的学前教育并未纳入义务教育体系中，幼儿园需要收费的客观事实不可避免地带来了家长和幼儿园之间存在一定的物质交换关系，这种关系在民办幼儿园中的表现更甚（封喜桃，2011），幼儿教师和家长之间存在服务与被服务的关系，属于情绪劳动范畴。

可见，幼儿教师在家园沟通中付出着大量的情绪劳动，而该情境在已有研究中未得到关注。如前所述，采用表层表演策略往往给幼儿教师职业心理带来消极结果，深层表演和自然表达策略则能够带来积极作用。为促进幼儿教师合理地使用情绪劳动策略，促进家园沟通质量，提升幼儿教师职业幸福感，考察家园沟通中幼儿教师情绪劳动的影响因素在我国当前时代背景下具有重要现实意义。虽然已有研究对商业组织服务人员情绪劳动影响因素进行了探索，但由于组织类型的差异，其结论无法直接迁移到幼儿教师群体。因此，家园沟通中幼儿教师情绪劳动的影响因素还有待研究进一步探索。

第五章　幼儿教师情绪劳动实践研究的问题提出与研究设计

第一节　问题提出

一、已有研究的不足与启示

幼儿教师在工作中需要付出大量的情绪劳动，鉴于采用何种情绪劳动策略对家园沟通质量及其职业心理健康具有重要的影响，促进幼儿教师合理使用情绪劳动策略，考察幼儿教师情绪劳动的影响因素则变得十分必要。

通过对已有情绪劳动相关研究的梳理，并对幼儿教师情绪劳动影响因素研究进行深入分析可以发现，已有研究仍然存在一些不足之处，对这些不足进行探讨，可以为未来研究提供启示。已有研究不足主要体现在以下四个方面。

首先，已有幼儿教师情绪劳动研究忽视了家园沟通情境。近年来，对幼儿教师群体的情绪劳动研究逐渐丰富，学者围绕其内涵、测量、效应及影响因素等方面开展了研究，但以往研究更多的是将教师（包括幼儿教师）情绪劳动的对象限定为学生（Fu，2015；Yin，2015；尹坚勤等，2019），忽视了家园沟通情境。

在我国当前时代背景下，幼儿教师在家园沟通中付出着不容忽视的情绪劳动，主要体现在两个方面：第一，幼儿教师与家长的沟通频率和强度大。随着我国三胎政策的全面施行和人民生活水平的不断提高，国家、社会乃至每个家庭对儿童的身心发展都高度重视，家长非常关心幼儿在园的生活情况，带来家园沟通的频率和强度的大幅提高。同时，由于幼儿教师和家长之间在教育观念、认知等方面存在不一致，容易导致沟通不畅，进而引发幼儿教师的情绪失调（周红，2003；戈柔，2003；杨大伟，张莉，2017）；第二，幼儿教师在家园沟通中需要进行更多的自我监控。情绪劳动概念最初针对空乘人员提出，且目的是为了换取报酬，具有商业交换价值（Hoschild，1983；Bolton，2007）。由于我国学前教育并未纳入义务教育阶段，需要收取管理费用。幼儿教师除承担教育幼儿的工作职责，也需服务于幼儿家长。幼儿教师对家长的这种服务性在民办幼儿园中更为凸显。为了实现良好的家园沟通效果，减少幼儿流失，增加幼儿园经济效益，在与幼儿家长沟通的过程中，幼儿教师需要对自身情绪进行大量的付出与管理。可见，开展幼儿教师情绪劳动的研究有必要考虑家园沟通的情境，在我国当前的时代背景下也具有更为重要的现实意义。

其次，幼儿教师情绪劳动测量工具有待于优化。目前关注内在心理过程的情绪劳动测量工具中，Diefendorff（2005）编制的量表得到了最为广泛的应用，也有学者对其进行修订以适用于我国教师、幼儿教师群体（Yin，2015；孙阳，张向葵，2013），但仍存在两点不足。

第一，已有幼儿教师情绪劳动测量工具对自然表达维度项目表述不够准确。主要体现在自然表达维度上的项目表述与内涵不符。根据Ashforth和Humphrey（1993）与Zapf（2002）的观点，自然表达是员工自发地表现出符合职业或组织要求的情绪，而已有量表项目表述仅体现了自发的情绪并没有指明该自发情绪是否符合展示规则，如"我对学生（幼儿）表现的情绪是自然而然体验到的"，自然而然体验到的情绪可能是符合展示规则的，也可能是背离展示规则的情绪偏离行为，而情绪偏离行为则不在情绪劳动的内涵范畴之内。因此，有必要修正幼儿教师情绪劳动的测量工具中自然表达维度的项目表述。

第二，不同作答方式下情绪劳动测量结果具有差异，可能带来测量偏差。已有量表的作答方式有两种：频率和符合程度。作答方式为符合程度的量表，测量结果往往发现表层表演和深层表演呈负相关（王宜静等，2017；尹珊珊，2015），采用频率为作答方式，结果通常显示表层表演和深层表演间呈正相关（Sliter et al.，2013；Fu，2013；Becker et al.，2018）。

Beal和Trougakos（2013）认为，根据资源保存理论，表层表演和深层表演并非是互斥的策略，为最大限度减少资源的流失，员工会联合使用多种策略，只是不同策略的水平可能存在差异。采用体验取样法的研究也显示，员工在一天的情绪劳动中可能既使用表层表演也使用深层表演（Judge et al.，2009），说明表层表演和深层表演并不是此消彼长的关系。可见，采用频率的作答方式优于符合程度的作答方式，降低测量误差，而国内外很多研究在这两个量表的使用上，作答方式混用，有必要加以澄清。

再次，幼儿教师情绪劳动影响因素研究有待于拓展和深化。无论是在组织内情绪劳动的应用研究还是情绪调节领域的实验研究结果均显示，表层表演（抑制消极情绪）均会带来消极的结果，深层表演和自然表达能够带来积极的作用（马淑蕾，黄敏儿，2006），促进幼儿教师合理进行情绪劳动，需要考察幼儿教师情绪劳动的影响因素。已有针对教师群体情绪劳动影响因素的探索，可以为本研究提供一定的借鉴与启示。然而，如前所述，已有研究缺乏对家园沟通情境的关注，研究结果不宜直接推论到家园沟通情境中。

对于商业组织服务人员情绪劳动影响因素的研究较为丰富，分别从外部因素，如展示规则（Diefendorff et al.，2011）、组织因素，如组织氛围（Yao et al.，2015）、顾客特征，如顾客不公平等（Sliter et al.，2010）以及员工个体内部因素，如特质、能力、动机等（Mesmer-Magnus et al.，2012）进行了探索，但通过对这些研究的梳理可以发现，上述研究更多的将情绪劳动当作是前因变量和结果变量之间的过程性变量，偏重影响因素的直接作用，鲜有研究关注内在中介机制。探讨影响因素的主效应固然具有重要价值，而探索中介机制能够进一步明晰影响因素是如何发挥作用的（Rucker et al.，2011）。除中介机制外，已有研究对情绪劳动影响因素的作用过程中存在的调节变量（或称边界条件）考察甚少，探究调节变量能够帮助回答"情绪劳动影响因素何时发挥作用"的问题，明晰中介机制和边界条件能够深化现有理论并对管理实践提供更为精准的指导（Diefendorff & Gosserand，2005；Grandey & Melloy，2017）。因此，在考察情绪劳动影响因素时，不仅需要关注核心的影响因素，同时也应当关注影响因素间如何以及何时发挥作用。此外，由于存在职业类型的差异，商业组织服务人员情绪劳动影响因素研究也不宜直接迁移到幼儿教师群体。综上，有必要针对幼儿教师群体，基于家园沟通情境，考察其情绪劳动影响因素及中介机制和边界条件，为幼儿教师情绪管理提供实践指导。

最后，幼儿教师情绪劳动影响因素的研究视角较为单一，仍需开展整合性研究。幼儿教师的情绪劳动是在工作场所内与服务对象的互动中发生，既受到幼儿教师自身内部因素的影响，也受到外部因素（如组织、互动情境等方面）的影响，除前述影响因素内在机制边界条件的探讨不够深入外，还缺乏对内外部影响因素的整合。Gabriel和Grandey（2015）指出，未来研究应当逐渐转移到影响因素的拓展和整合性研究上，单独探讨某一因素对情绪劳动的影响可能会扩大该因素的作用。虽然已有研究从个体内部因素和外部因素对情绪劳动的影响因素进行了探索，但缺乏对内外部影响因素间交互作用的考察。根据工作要求—资源模型，工作要求和工作资源间的互动影响员工的工作行为，Grandey 和Melloy（2017）也指出，员工情绪劳动受到内部和外部影响因素的协同作用，提示内外部影响因素除主效应外，还存在交互作用，有待于研究进一步探索和验证。

二、本研究拟解决的问题

基于以上研究中存在的不足，本研究以家园沟通视角，围绕我国幼儿教师情绪劳动的影响因素开展研究，主要解决以下四个问题。

问题一：家园沟通中幼儿教师情绪劳动分别受到哪些因素的影响？其中，哪些因素的影响更为突出？

问题二：家园沟通中，我国幼儿教师情绪劳动的现状如何，具有哪些特点？

问题三：内部和外部影响因素分别如何以及何时作用于幼儿教师家园沟通中的情绪劳动？

问题四：内部和外部影响因素如何共同作用于幼儿教师家园沟通中的情绪劳动？存在着怎样的交互作用？

第二节　研究意义

一、理论意义

首先，运用扎根理论分析方法，分析出基于我国背景下的、家园沟通中的幼儿教师情绪劳动影响因素，一方面为本研究系列研究的展开提供了实证基础，另一方面还为后续的影响因素作用机制研究提供启示，在一定程度上丰富了我国幼儿教师情绪劳动的研究成果。

其次，本研究在一定程度上验证了Grandey 和Melloy（2017）的观点。Grandey 和Melloy（2017）认为不同层级的影响因素之间存在交互作用，在Grandey（2000）的经典情绪劳动因果模型的基础上，本研究一方面对该因果模型中未解决的个体内部因素与外部的组织和情境因素之间的互动对员工情绪劳动影响的问题进行验证；另一方面探讨影响因素与幼儿教师情绪劳动之间的中介与调节机制，扩展并进一步完善了该模型，深化了对幼儿教师情绪劳动影响因素的理论解释。

最后，结合多种研究方法（深度访谈法、问卷研究法）、多种解释理论，通过研究之间的递进互动，实现对不同方面影响因素间存在的关系的深入探讨，一方面较为系统地呈现影响因素与幼儿教师情绪劳动两者之间的关系，弥补了单一研究对因果关系呈现不足的问题；另一方面，多种解释理论的应用也丰富了对幼儿教师情绪劳动的解释理论体系。

二、实践意义

本研究考察幼儿教师在家园沟通中情绪劳动的内部和外部核心影响因素，深入探究影响因素的中介机制和边界条件，为促进幼儿教师合理使用情绪劳动策略，提升幼儿教师职业心理健康提供理论依据和实践启示。对幼儿教师自身而言，依据本研究的结果，有助于幼儿教师在家园沟通中有意识地增强自身的家园沟通能力，增加自我提升知识和途径。对于幼儿园管理者方面，可以依据本研究的结果，合理制定幼儿教师情绪展示规则，搭建家园沟通平台，有针对性地提供组织支持，同时也能够为幼儿教师的选拔、培养、培训等工作提供实践参考。

第三节 研究设计

一、研究目标

借鉴国内外情绪劳动研究的最新成果，以家园沟通视角为切入点，对幼儿教师情绪劳动的内部和外部影响因素进行系统分析，弥补当前单一视角情绪劳动影响因素研究的局限，厘清各影响因素发挥作用的中介机制及边界条件，考察不同影响因素之间的内在关系，最终构建幼儿教师情绪劳动影响因素模型，为促进我国幼儿教师合理进行情绪劳动、提升幼儿教师职业幸福感提供理论指导和实践依据。

二、研究思路

基于上述研究目标，本研究采用质化和量化研究结合的方法，以情境特异性为切入点探索并验证幼儿教师在家园沟通中的情绪劳动影响因素。基本思路为：首先采用质化研究的方法，从宏观上考察幼儿教师群体情绪劳动的影响因素，归纳总结出影响家园沟通中幼儿教师情绪劳动的个体内部因素和外部环境因素，随后进行聚焦性文献回顾，在随后的量化研究中，基于相关理论剖析各因素对幼儿教师情绪劳动影响的内在路径和可能存在的边界条件，分别构建有调节的中介模型。最后，基于工作要求-资源模型，将内部和外部影响因素纳入同一框架下，考察内部和外部因素对幼儿教师情绪劳动的共同作用。

三、研究框架

预研究采用质化研究的方法，对幼儿教师进行半结构化访谈，初步探索幼儿教师在家园沟通中的情绪劳动核心影响因素，为后续量化研究奠定基础。

研究一结合访谈法和问卷调查，修订适用于家园沟通的幼儿教师情绪劳动问卷，考察幼儿教师情绪劳动现状及在人口学变量上的差异。

研究二聚焦内部因素对幼儿教师家园沟通中情绪劳动的影响。采用问卷调查法和交叉滞后研究设计，探究职业认同对幼儿教师情绪劳动作用的主效应以及情绪智力的调节作用。

研究三聚焦外部因素，分别考察情绪事件因素和组织因素对幼儿教师情绪劳动的作用，采用问卷调查法，考察家长无礼行为和组织支持对幼儿教师情绪劳动影响的内在作用机制和边界条件。

研究四将个体内部因素中的职业认同、外部因素中的家长无礼行为和组织支持纳入同一研究框架，构建幼儿教师情绪劳动核心影响因素的整合模型，并采用横断研究的问卷调查法，通过量化研究对模型进行验证。

研究框架设计见图5-1。

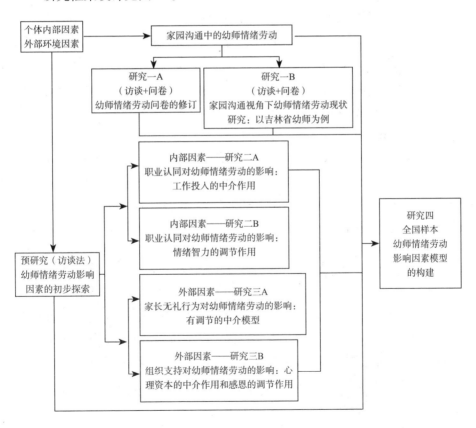

图5-1 研究设计框架图

第六章 幼儿教师情绪劳动核心影响因素的初步探索

第一节 研究目的

探索家园沟通视角下，幼儿教师情绪劳动主要受到哪些因素的影响。在对已有研究梳理的基础上，本研究以幼儿教师为对象，采用半结构化的质性访谈法，参考前人研究设计访谈提纲，引导幼儿教师对家园沟通中情绪劳动的原因和过程进行多角度、多层面的回答，以期获得较为全面和系统的家园沟通中幼儿教师情绪劳动影响因素的认识，通过分析得到核心影响因素，为后续量化研究奠定基础。

第二节 研究方法

一、研究对象

鉴于教龄和园所类型（公办、民办）的不同，幼儿教师的情绪劳动可能存在差异，本研究的24名访谈对象包括12名公办幼儿园教师和12名民办幼儿园教师，全部访谈对象利用便利抽样方法招募获得，取样地点包括吉林省长春市、公主岭市、通化县三地的一线幼儿教师，访谈对象基本信息见表6-1。在得到访谈对象同意的前提下，对访谈内容进行了录音，24位教师的访谈时间为35～110分钟，对所有录音资料进行了文字转换，共得到13.8万字的文本资料。

表6-1　访谈对象基本信息表

编号	性别	年龄	教龄	园所类型	编码	编号	性别	年龄	教龄	园所类型	编码
1	女	26~30	0~5	公办	SDFY-ZW	13	女	20~25	0~5	民办	TH-XW
2	女	26~30	0~5	公办	SDFY-WQJ	14	女	20~25	0~5	民办	ZX-LB
3	女	20~25	0~5	公办	SDFY-HY	15	女	20~25	0~5	民办	TH-XD
4	女	25~30	0~5	公办	THX-JX	16	女	20~25	0~5	民办	ZX-SL
5	女	26~30	0~5	公办	THX-DL	17	女	26~30	0~5	民办	BL-SXY
6	女	31~35	5~10	公办	SDFY-HYX	18	女	26~30	0~5	民办	ZX-ZZ
7	女	31~35	10~15	公办	SDFY-LXW	19	女	26~30	5~10	民办	TH-YZR
8	女	36~40	10~15	公办	GZL-TN	20	女	31~35	5~10	民办	TH-DHM
9	女	36~40	10~15	公办	GZL-WL	21	女	36~40	5~10	民办	BL-WXZ
10	女	36~40	≥15	公办	GZL-LYY	22	女	31~35	5~10	民办	BL-LLL
11	女	36~40	≥15	公办	GZL-SL	23	女	36~40	≥15	民办	ZX-ZYN
12	女	≥41	≥15	公办	GZL-TLS	24	女	≥41	≥15	民办	TH-WLS

（一）访谈的设计与实施

访谈法是质性研究当中的一种主要方法，是研究者通过与研究对象进行口头交谈的方式来收集对方有关心理特征和行为数据资料的一种方法，是直接考察、收集研究对象有关心理与行为数据资料的最基本方法。大量的心理学研究表明，通过访谈法获得的有关人的心理活动信息常常比传统心理学实验中最常用的反应时、错误率等指标所提供的信息更为完整、丰富和深层。访谈得到的文本资料可以作为基础构建理论。因此，本研究采用访谈法来获取原始资料。

扎根理论（grounded theory）是由Glaser 和Strauss于1968年提出的从资料中建立理论的特殊方法论。扎根理论强调研究应当从实地调研开始，数据收集与分析同时进行，通过系统的分析方法从原始资料中归纳、提炼概念与范畴，得出能够反映出所关注社会现象的核心概念，最终，将这些概念建立联系，形成一个能够反映现象本质和意义的理论。扎根理论提供了一套完整的从原始资料归纳、提炼、建构理论的方法与步骤，并将理论建构与实证研究有机结合。

在质化研究中，通常关注的是"小的理论"，是指区域性的、针对某一个特殊情况而言的理论，抽象程度比较低，但是更有针对性，更注意研究现象的个性和复杂性，有时比应用广泛的理论更有解释力度。本研究的对象是幼儿教师群体，采用扎根理论对资料进行质化分析能够很好地帮助我们有针对性地了解幼儿教师情绪劳动的现象和规律。

（二）研究工具

1. 访谈协议书

访谈协议书以书面形式呈现访谈的目的、主要流程等信息，在访谈前供受访者阅读，以求征得受访者的同意与理解。受访者阅读协议书后，同意进行访谈方可继续进行。同时，访谈协议书作为受访者同意接受访谈的书面证明，符合访谈应当具备的伦理原则。

2. 被试背景信息

在受访者正式接受访谈之前，请被试填写人口统计学的背景信息，包括年龄、教龄、职务、年级、婚姻状况、养育状况、园所类型、薪酬、监控条件等。

3. 访谈提纲

基于已有文献的基础上，构建访谈提纲，深入细致地了解幼儿教师的情绪劳动的影响因素。在编写访谈提纲前，确定幼儿教师情绪劳动对象。已有研究将学生作为教师情绪劳动的主要对象，有学者提出，我国幼儿教师在工作中需要频繁地与幼儿家长进行沟通，同时幼儿家长对幼儿的关注程度不断升高，对幼儿教师的要求也随之增加，同时根据研究者所在团队成员的幼儿园观察经验，幼儿家长也应当作为幼儿教师情绪劳动的主要对象。

访谈提纲主要参考Sutton（2004）对小学教师的情绪劳动访谈提纲，包括结构化问题和非结构化问题。访谈者首先询问受访者非结构化的开放式问题：幼儿教师在工作中应当表现怎样的情绪？目的是将幼儿教师引入到对访谈主旨内容的思考中。随后，访谈者询问受访者：您在工作中是否需要对自身情绪进行管理、调整和修饰？若被试回答是，则继续询问在何种情况下需要调整情绪、采用何种方法调整情绪以及为什么进行情绪管理，该部分问题让受访者自由地回答情绪劳动的影响因素以及内在过程，采用关键事件访谈法，请受访者回忆工作中印象最深刻的事件来进行说明，包括事件发生的时间、发生原因、发生过程和发生结果。若被试回答否，则继续询问受访者为什么不需要对自身情绪进行调整（访谈提纲具体内容见附件一）。

访谈最后询问访谈对象是否有任何补充的内容，赠送小礼品以表示感谢。

（三）基于扎根理论的访谈资料的编码与实施

1. 开放性编码

开放性编码的主要任务是完成资料的收集与分析，通常需要开放性编码与访谈同时进行，即一次访谈结束后就对访谈资料进行编码，编码完成后再进行下一次访谈。根据扎根理论的"理论饱和原则"（Glaser & Strauss，1967），当对访谈进行编码时发现不再出现新的、重要的信息，即获得的信息开始重复时就可以认为已达到理论饱和，意味着访谈任务完成。本研究在开放性编码的过程中，首先对访谈文本内容逐句编码形成概念，其次将这些概念化内容初步范畴化，然后在这些概念化内容、初步范畴及文本资料之间反复进行求同性和求异性比较。经过对第24位被访谈者的访谈资料进行开放性编码后，发现不再出现新的、重要的信息，根据理论饱和原则数据达到饱和。共得到30个概念，剔除无效概念及整合性质和内容相近的概念后，最终归纳为16个概念，并进一步归类提炼为3个范畴。质性研究流程图见图6-1。

2. 关联式编码

关联式编码的主要任务就是挖掘与建立开放性编码所获得的各个独立范畴之间潜在的联结关系，从而将各个独立范畴通过相应的逻辑关系联系起来。本研究通过分析30个概念之间的内在关系及其相互关系和逻辑顺序，共归纳出3个主范畴，即个人因素、组织因素、情绪事件因素。这3个主范畴、16个范畴就是在我国情境下幼儿教师的情绪劳动影响因素的组成要素。

3. 主轴编码

主轴编码的主要任务就是从所得出的各个主范畴中挖掘与提炼出"核心范畴"，统领各范畴，形成"故事线"，实现对整体现象的描述，形成理论框架。本研究对3个主范畴、16个子范畴进行了深入分析，通过与原始访谈资料再次比较、归纳的基础上，最终提炼出"我国幼儿教师情绪劳动影响因素"这一核心范畴，并在此基础上构建了基于我国幼儿教师情绪劳动影响因素模型。各主范畴对应的子范畴及被访谈者的代表性语句见附录二。由于范畴较多，每个范畴仅列举1~2条代表性语句。

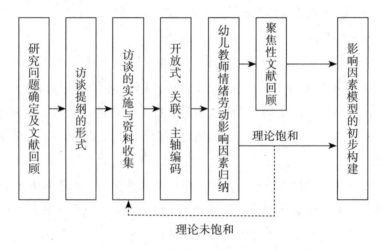

图6-1　质性研究流程图

（四）编码一致性指数评估

在本研究中，为保证编码结果的有效性，研究者与另一名编码者（同领域心理学博士研究生）共同完成编码工作。首先反复阅读24名受访者的访谈原始文本资料，进行分类、分析、比较、讨论、修改最终形成了试行的编码手册。两位编码者共同编码了随机抽取的4名受访被试（2名公办园幼儿教师、2名民办园幼儿教师）的文本资料以进行试编，用来检测编码一致性信度。为了确保研究者和另一位编码者在内容分析、文本理解、主题提取、编码以及解释中一致，运用归类一致性指数，即评分者之间对相同访谈材料的内容分析编码归类相同的个数占编码总个数的百分比来进行信度评估。归类一致性指数的公式为：

$$CA = 2 \times T1 \cap T2 / T1 \cup T2$$

T1为第一名编码者的编码个数，T2为第二名编码者的编码个数。经计算，试编的4名受访者文本资料编码一致性指数在0.89～0.92之间，随后，两位编码者对编码不一致的内容进行反复讨论，最终达成一致后，对试行的编码手册进行修订，之后继续对其余的受访者的文本资料进行独立编码。每对一名受访者文本资料进行编码后，立即计算编码一致性系数并对不一致的内容进行反复讨论，在达成一致后进一步修订编码手册，余下的受访者文本资料的编码依次照此方式进行。编码者对各受访者文本资料的编码一致性系数见表6-2。

表6-2　共同编码的24位受访者编码一致性系数

受访者编号	CA	受访者编号	CA	受访者编号	CA	受访者编号	CA	受访者编号	CA
SDFY-ZW	0.89	SDFY-HYX	0.90	GZL-SL	0.97	ZX-SL	0.94	GZL-TLS	0.92
SDFY-WQJ	0.92	SDFY-LXW	0.91	BL-WXZ	0.88	BL-SXY	0.94	BL-LLL	0.94
SDFY-HY	0.92	GZL-TN	0.90	TH-XW	0.94	ZX-ZZ	0.92	ZX-Pierre	0.92
THX-JX	0.89	GZL-WL	0.94	ZX-LB	0.92	TH-YZR	0.97	TH-WLS	0.91
THX-DL	0.93	GZL-LYY	0.92	TH-XD	0.95	SDFY-DHM	0.91		

注：CA表示编码一致性系数。

第三节　结果分析

一、幼儿教师情绪劳动的展示规则与对象

首先询问幼儿教师是否有过调节情绪的体验，该问题并没有直接询问幼儿教师情绪调节的倾向，但是多数幼儿教师（$n=19$）提到了在工作中通常会使用怎样的方式对情绪进行调整和修饰，这表明情绪调节对于幼儿教师而言是常见的现象，随后她们提到在工作中会采用"压制愤怒""咬紧牙关""后退或深呼吸"等策略将负性情绪压制下去，也有教师提到他们

在某些情况下控制情绪失败，表现出不符合教师职业形象的情绪（$n=2$）。其次，幼儿教师谈论到情绪调节时，会使用"每天""经常"等字眼，表明幼儿教师经常需要有意识的调整情绪，从发生频率上也验证了幼儿教师是具有高情绪劳动的职业。

在对幼儿教师进行访谈时，几乎全部幼儿教师都表示其服务对象为幼儿和幼儿家长，更重要的是，在幼儿教师对工作中需要调整情绪的关键事件进行描述时，超过三分之二的幼儿教师（$n=21$）表示在工作中更需要对幼儿家长进行情绪劳动，面对幼儿时幼儿教师很少体验到情绪失调，更多的是对真实体验情绪的自然表露。如有幼儿教师提到"跟现在的家长沟通比跟孩子沟通难多了，家长的素质不一样，有的家长个性比较强，跟这样的家长沟通起来确实会比较困难"。幼儿家长作为幼儿教师的主要服务对象，幼儿教师必须持续、频繁地与幼儿家长互动，一方面是幼儿教师职责所在，另一方面也是幼儿教师践行"促进幼儿身心健康发展"这一职业使命的重要途径。幼儿教师属于关爱职业（caring professional），意味着幼儿教师的情绪劳动与以往研究中更多关注的是商业组织服务人员与顾客的关系不同，主要体现在幼儿教师首先是作为教师，承担着教书育人的高尚职责，其次幼儿教师才是服务者，由于幼儿处于认知水平低，身心快速发展的阶段，需要幼儿教师承担生活上的照顾和关爱等方面的工作内容。因此，可以说幼儿教师同时承担了教育幼儿和服务幼儿家长的双重工作职责，导致幼儿教师的情绪劳动更为复杂，而商业组织服务人员相较而言更为单一，服务是其工作的核心内容，正如一位受访者所言，指出了幼儿教师与典型商业组织服务人员具有重要的区别：

"幼儿教师虽然说也是服务行业，但是还跟其他服务行业不太一样，比如说我们是幼儿园老师，我们管的也是孩子在幼儿园的这些日常生活。家长送孩子到幼儿园后，孩子就在你的负责范围内了，理所当然要帮家长关注这些孩子的情况，其实也是服务于家长。在幼儿阶段，老师给孩子的爱是最多的，我们需要培养他们的生活技能，而不是说他学到了多少知识或者什么，这个时候家长可能更关注的也不是今天孩子学了什么儿歌，学了几首歌，他更关注的还是孩子的生活，孩子的自理能力，我觉得工作内容不同，所以情绪上、态度上也应该是不一样的。"（SDFY-LXW）

同时，为了获取经济利益，民办幼儿园存在对幼儿教师过分限制和对幼儿家长过分迎合的现象，提高了对幼儿教师的工作要求（包括情绪要求），降低了幼儿教师工作自主性，增加了幼儿教师情绪劳动的总量，正如一位民办幼儿园幼儿教师所言：

"幼儿园因为招生方面的需求，对家长的要求几乎是有求必应。不管你家长的要求是合理的还是不合理的，园长要求我们都要尽量满足家长，答应家长的要求，保证孩子不流失。"

二、家园沟通中的幼儿教师情绪劳动的核心影响因素

幼儿教师的情绪劳动的目的是为了促进幼儿身心健康发展、实现优质的家园合作共育关系，为实现该目标，幼儿教师需要在面对家长和幼儿时付出情绪劳动，对自身情绪的外在表现和内在体验进行调整，表现出符合幼儿教师职业标准的情绪。幼儿教师情绪劳动不仅发生在其与幼儿家长和幼儿互动的过程中，也会随着幼儿教师本身的心理因素（如职业认同、工作投入等）、所在的组织特征（如组织支持、领导风格）、工作年限、经验的变化而发生改变。

（一）内部因素

通过访谈发现，幼儿教师内部心理因素对其选择何种情绪劳动策略具有重要的影响，受访者提到的内部因素有多种（具体内容见表6-3），其中，提及人数最多的是"维护或展现教师的职业形象"（$n=22$）。受访者认为，展现适宜的情绪、对情绪进行管理是幼儿教师工作内容中的重要组成部分，更重要的是，情绪表现与管理体现了幼儿教师的职业素养和理想的职业自我形象，其本质反映的是幼儿教师的职业认同水平。

表6-3　个体内在心理因素、提及人数、百分比及代表性语句

个体心理因素	提及人数（n）	百分比	受访者代表性语句（举例）
职业认同	22	91.67%	"身为幼儿教师，就不能对家长表现不满，对孩子表现不好的情绪"
工作投入	16	66.67%	"我喜欢与人打交道，愿意与人沟通，我们班孩子的家长都跟我相处得特别好，班级有什么活动，家长们也都是很支持的，我也喜欢把精力放在跟家长沟通上面"
情绪智力	14	58.33%	"我觉得随着工作时间长了，对形形色色的家长也了解了，能够控制自己的情绪了，就是能压得住火了"
自尊	4	16.67%	"有时候家长说的话真挺伤人自尊的，但是没有办法，你也不能怼回去，还是得微笑着说"
人格特质	3	12.50%	"其实多数我都是放在心里的，因为包括我平时有情绪，有生气的时候，我也从来没和人吵过架，我不太会发泄情绪"

由表6-3可见，幼儿教师进行情绪劳动的个体内在因素有多个，包括职业认同、工作投入、情绪智力、自尊和人格特质等。从提及人数百分比来看，职业认同是受访幼儿教师公认的进行情绪劳动的核心内部因素。职业认同水平高的幼儿教师，能够将展现积极情绪表现内化为自身的行为准则，认为表现出消极的情绪不符合职业形象，幼儿教师职业认同水平越高，越能够自然而然地、真实地表现出符合职业要求的情绪。

举例，职业认同影响幼儿教师情绪劳动的访谈示例如下：

"当时我一听真挺来气的，要不是因为自己是老师，如果是外面俩人，我肯定得掰扯掰扯，但是当时我想，我是老师，家长都送孩子呢，如果我们吵起来肯定会对别的家长造成影响，所以我自然就心平气和了。"（SDFY-WQJ）

"既然选择了这个职业，就要以专业的态度去面对，把家长的质疑当作一个事情去解决，解决好了，家长满意，孩子高兴，慢慢地双方都觉得挺好的，我和很多家长最后也成为朋友。"（ZX-ZZ）

"我认为教师应当具有教师的素养。我做了一辈子教育工作了，不能

因为小事和家长计较，我要维护我的形象，当我这样想的时候，心态是很平和的，能够顺畅地与家长沟通。"（TH-WLS）

"幼儿家长是分为不同类型的，有的家长带着情绪跟我沟通，我不能直接说'我不是这样的'，然后就不解释了。因为我代表的是教师的形象，而且我是全班孩子的妈妈，我有义务安抚家长的情绪。首先我得调整自己的心态，告诉自己应该平和，先解决自己的情绪，然后再去面对家长。"（BL-LLL）

此外，虽然职业认同能够促进幼儿教师使用真心实意的情绪劳动策略，但是，通过访谈可以发现，职业认同水平高的幼儿教师也可能采用表层表演策略，尤其对新入职的幼儿教师而言更是如此。多名教师表示，刚入职时由于不知道如何调整自己的情绪，经常因为家长或幼儿的言行而异常生气，有时面对家长的负性情绪，不知道如何进行安抚和调整，还有的幼儿教师表示自己新入职时不能够做到准确预测家长的情绪反应，阻碍了后续沟通。很多幼儿教师表示，在面对幼儿家长时，当自己对情绪的理解、分析、调节的能力不够时，可能会发生情绪偏离现象。正如有位幼儿教师提道：

"年轻的时候，家长误会自己了会觉得很委屈，当着家长的面可能眼泪也出来了，那个时候就是经验少，阅历浅，再一个还是不够专业，专业化的老师就应该知道接触人的工作，肯定会有各种各样的误会，就算你把所有的都展示出来，人跟人的认识还不一样呢，即便你做得很好，有的人认知也可能有问题，既然咱们选择这个职业了，就要以专业的态度去面对，当作一个事情去解决，解决好了，家长满意、孩子高兴，慢慢地会觉得这样挺好的，发泄情绪或者流眼泪都是没有用的。"

综上，我们可以看到，在众多幼儿教师内在心理因素中，职业认同是影响其情绪劳动的最主要因素，职业认同水平越高的幼儿教师，在工作中越能够真心实意地表现出符合职业要求的情绪。

（二）外部因素

1.情绪事件因素

访谈结果显示，幼儿教师在工作中经历的情绪事件是诱发其进行情绪劳动的直接外部情境因素，主要集中在对幼儿进行日常教育和保育以及在入园、下园时间与幼儿家长沟通等情境下。在日常教学活动中，幼儿教师需要耐心、细致地引导幼儿完成一日的教学活动、维护班级教学秩序，及时处理突发事件（如幼儿的打闹、磕碰、受伤等情况），尤其对于托班（2～3岁）的幼儿教师而言，由于托班幼儿具有注意时间短、自主解决问题能力差、情绪容易波动等年龄特点，在保教工作中需要幼儿教师投入大量的注意和情感资源。更重要的是，在每日入园、下园两个时间段，幼儿教师需要耐心、细致地解答家长的各种问题，主动与家长沟通并告知幼儿在园的一日活动情况，尤其是有特殊事件发生（如幼儿在班级磕碰、与其他幼儿打闹、有无受伤等）时，要做到及时地与家长沟通，甚至在下班时间也需要经常与幼儿家长进行沟通，此过程中进行了大量的情绪劳动。可见，情绪事件是诱发幼儿教师情绪劳动的直接线索，对各情境事件幼儿教师的提及人数及百分比见表6-4。

表6-4　具体情境事件因素的提及人数、百分比及代表性语句

情境事件因素	提及人数（n）	百分比	受访者代表性语句（举例）
家长无礼行为	23	95.8%	"家长和老师确实是有些不平等，有时候家长会认为自己有权利让老师做一些工作内容范围以外的事情，这个时候老师心里会很不舒服"
幼儿不守规则	12	50%	"孩子不守规矩，家长比较惯，这种孩子容易让我出现特别生气的状态"
幼儿的安全问题	10	41.6%	"我带班时，弦儿一直是绷着的，首先是考虑孩子的安全，同时也要观察孩子，因为要跟家长沟通"
课堂教学效果	8	33.3%	"一般年轻老师焦虑在哪呢，讲课时候孩子不听"
家长积极行为	3	12.5%	"有一次，家长给我发了信息道歉，说她一直非常信任我，对我们的责任心没有丝毫的怀疑，我觉得很欣慰，小小班的家长能够有这样的沟通，是很难得的"

由表6-4可知，几乎全部（n=23）受访幼儿教师表示经常需要面对家长的无礼行为（如言语不尊重、带有情绪的沟通，无礼的质疑等），会进一步引发情绪失调，此时，幼儿教师为展现符合职业要求的情绪，需要作

出情绪劳动。幼儿教师表示面对家长的无礼行为会体验到生气、愤怒等情绪，为实现良好的家园共育效果，有的幼儿教师采用对愤怒情绪进行压制的策略，经验丰富的幼儿教师面对家长的无礼行为，更倾向于努力平复自身的情绪体验，如做深呼吸、适当与家长保持距离，换位思考，理性面对家长的不良情绪等。

通过对访谈当中幼儿教师提及的情绪事件进行梳理可以发现，提及人次百分比最高的情绪事件因素是家长无礼行为，可将其确定为诱发幼儿教师情绪劳动的核心外部情绪事件因素。

举例，家长无礼行为对幼儿教师情绪劳动的影响主要有：

"我之前遇到一个要求特别多的家长，对孩子过度敏感，说话和处事的态度都是有问题的，给孩子已经调了几个班级了，我们如何跟她沟通都没有好的结果，遇到这样的家长的时候是感觉很生气、无奈的，但又不能表现出来，只能放在心里。"（TH-DL）

"家长和老师确实是有些不平等，有时候家长会认为自己有权利让老师做工作内容范围以外的事情，这个时候老师心里会不舒服，但是没办法，只能自己调整，先压抑回去，所以我们同事之间经常互相开玩笑说跟这样的家长打交道容易憋出内伤。"（GZL-TLS）

家长的无礼行为频繁发生，其主要原因在于两个方面，一是我国学前教育不属于义务教育阶段，需要收取管理费的客观事实导致大部分家长认为幼儿教师是被雇佣的服务人员身份，家长与幼儿园的商业交换在一定程度上冲淡了幼儿教师的教育者形象，有些家长甚至认为对幼儿教师提出要求是理所当然的，容易表现出无礼行为，这种现象在民办幼儿园更甚；二是幼儿家长和幼儿教师之间存在教育观念、认知等方面的不一致，家长在幼儿的安全、日常生活等方面存在注意偏好，对自己孩子的评价也存在积极偏好，而幼儿教师对幼儿的评价则更为理性、全面，可能会带来家长和幼儿教师之间的矛盾冲突。

（三）组织因素

幼儿教师进行情绪劳动发生在组织环境中，组织方面的因素能够对其情绪劳动产生影响。访谈发现，组织支持、园长的领导风格、幼儿园的组织氛围以及师徒制等均能够对幼儿教师的情绪劳动的选择发挥作用（具体参见表6-5）。组织因素中，提及次数最多的影响幼儿教师情绪劳动的因素是组织支持（n=17），如重视教师的工作价值、肯定教师工作中的付出与努力、提供必要的职业发展机会等也能够影响幼儿教师的情绪劳动。组织内不同来源的社会支持能够增加幼儿教师的心理资源，使其在进行情绪劳动时，更愿意也更有能力投入心理资源，付出更多的情绪劳动，减少情绪偏离现象。此外，领导风格如正向领导、情感领导，园所的积极氛围等对幼儿教师的工作压力、情绪状态、工作满意度等产生影响，进而对其情绪劳动发挥作用。很多幼儿园实行师徒制的管理方法，由经验丰富的老教师和新入职教师"搭班协作"，在实践中行之有效，老教师的职业认同水平高，工作经验丰富，对于工作中遇到的问题解决方法多，新教师通过观察学习，能够高效提升应对家长的沟通能力。

表6-5　组织层面影响因素的提及人数、百分比及代表性语句

组织层面	提及人数（n）	百分比	受访者代表性语句
组织支持	17	70.78%	"我曾经遇到一个特别麻烦的家长，他频繁要求给孩子调换班级，我耐心细致地沟通了很多次，都没有效果，给整个园所管理带来了不良影响，最后我跟领导反映了情况，领导与家长沟通也没起作用，最后园长劝这个家长办理转园"
领导风格	6	25.00%	"我们园长对我们是正向领导，引导我们从积极的角度去思考问题，尤其是在遇到与家长沟通的问题时"
组织氛围	5	20.83%	"我们园早晨接待幼儿前，会开展一些小活动，改善每位教师的心情，比如集体做游戏，还会有小奖品，大家在一起玩感觉很开心，一天的心情都挺好的，面对家长的时候情绪也会很积极了"
师徒制	3	12.5%	"我师傅教会我很多与家长沟通的经验和技巧，慢慢地我也能应对自如了"

举例，组织支持对幼儿教师情绪劳动影响的访谈示例如下：

"我们园的领导会在每日早晨接待幼儿之前，通过组织集体活动来增

进团队的凝聚力，改善每位教师的心情，比如集体做游戏，第一名还会有小奖品，大家在一起玩玩闹闹感觉很开心，一天的心情都挺好的，面对家长的时候情绪也表现得很积极。"（BL-WXZ）

"我刚入职的时候带我的那个老师特别好，因为她女儿跟我同岁，把我当孩子看，包括后来我自己谈恋爱、结婚这类的事情都会跟她交流，在工作上遇到困难了，她就帮我调节，帮我分析，然后时间长了自己也就学会了调节的方法，现在我遇到事情了也不会生气。"（GZL-SL）

"我们有时候因为家长生气了，园领导会想方设法去抚平我们的情绪。领导的支持，还有同事的支持，你周围这些同事就是跟你关系都特别好，能帮助你去解决问题的时候，你觉得工作是特别带劲的。"（GZL-LYY）

多名受访幼儿教师表示，组织给予自身的工作价值的肯定、园所领导关心教师的利益、园所提供给幼儿教师的发展机会等，能够增加幼儿教师的积极情绪，提升幼儿教师在工作中的动力，组织支持感水平越高的幼儿教师，在面对幼儿家长时越能够以更加积极的态度去面对，从而表现出更多的自然表达和深层表演，更少的表层表演。可见，组织支持是幼儿教师情绪劳动的重要动力和资源保障，是组织方面的外部核心影响因素。

第四节 讨 论

本研究以家园沟通视角为切入点，采用质性研究的方法，全面、系统地探究了幼儿教师情绪劳动的影响因素，根据对访谈资料的分析，筛选出幼儿教师在家园沟通中的核心内部、外部影响因素，为后续的量化研究奠定了基础。

一、幼儿教师在家园沟通中付出大量情绪劳动

访谈发现，家园沟通中幼儿教师需要付出大量的情绪劳动，幼儿教师与家长的沟通中需要对自身的情绪体验和外在表现进行调整，而已有幼儿教师情绪劳动研究更多地集中在对幼儿的保育和教育活动中，未对家园沟

通给予关注。家园沟通是幼儿教师工作内容的重要组成部分（刘云艳、陈希，2017）。家园沟通质量对幼儿的身心健康发展具有重要影响（孙芳龄等，2018）。家园沟通是每一位幼儿教师必须面对的工作职责，为保证家园沟通的和谐顺畅，促进家长对幼儿园教育工作的配合，实现促进幼儿身心全面健康发展的最终目标，幼儿教师在家园沟通中付出着大量的情绪劳动。然而，在我国当前的经济快速发展的宏观背景下，家长对幼儿成长的关注程度空前高涨，导致社会、园所和家长对幼儿教师的要求更高，家园沟通存在的矛盾冲突现象早已经得到了我国学者的关注（王秋霞，2014；周红，2014），幼儿教师为实现上述职业目标，需要在家园沟通中对自身情绪表现进行管理，尤其是在与家长沟通不畅、存在矛盾冲突等情况下，更需要付出情绪资源，做出了大量的情绪劳动。

此外，家园沟通中存在的矛盾冲突还存在园所类型上的差异，在本研究质性访谈资料中可见一斑。民办幼儿园教师面对来自家长的情绪事件更多，民办幼儿园将幼儿教师和家长的沟通质量视为是对其绩效考评的关键指标，幼儿教师在面对家长的无礼对待时不得不压抑自身的负面情绪，长此以往，给自身心理健康带来影响。对于这一现象，究其原因，与我国民办幼儿园已经出现了功利主义发展倾向有关，封喜桃（2011）认为，我国民办幼儿园收费普遍较高，在一定程度上激活了学前教育经费的筹措，但同时也带来了一些弊端，民办园幼儿家长由于负担了高额的学费，倾向于对民办幼儿园及其幼儿教师提出更高的要求，带来幼儿教师情绪劳动负担的增加。

二、职业认同、家长无礼行为和组织支持对幼儿教师情绪劳动的影响

本研究通过深度访谈发现，家园沟通中幼儿教师情绪劳动的影响因素来自内部和外部两个方面，其中，内部的核心影响因素是职业认同，外部核心影响因素包括幼儿家长无礼行为和组织支持。

首先，内部因素方面。本研究发现职业认同能够对幼儿教师情绪劳动策略的选择产生重要影响，结果与已有学者观点一致（O'Connor，2007；

Humphrey et al.，2015），即认同其是教师进行情绪劳动尤其是促进其深层表演和自然表达的重要因素。社会认同理论认为，个体通过群体身份认识到自己属于某个特定的社会群体，并通过这种社会群体成员身份获得某种情感和价值意义（Tajfel，1978），而幼儿教师情绪展示规则是其职业意义与价值的具体体现，在家园沟通中，幼儿教师展现积极、平和的情绪对于沟通效果具有积极促进的作用，幼儿教师践行情绪展示规则的要求是对其自身职业角色认同的外化表现。更具体而言，教师情绪与行为的意义间相互依赖，教师产生何种情绪建立在其意义和价值信念之上（Zembylas，2003），幼儿教师的职业充满了积极的情绪（Hargreaves，1998），幼儿教师只有具备高水平的职业认同才能够在工作中真心实意地感受到积极的情绪，在其情绪管理过程中，更多地表现出深层表演和自然表达，更少的表层表演。

情绪智力在职业认同对幼儿教师情绪劳动影响中的作用。访谈结果还显示，幼儿教师理解、分析、调节情绪的能力可能在职业认同和情绪劳动策略之间存在着调节作用。情绪智力作为一种重要的情绪资源，很可能是职业认同和情绪劳动的关系中的重要边界条件，即当幼儿教师有意愿去做出符合职业要求的情绪时，如果其同时具备高水平的情绪劳动能力，那么就能够更加顺利地将意愿转化为实际的行为表现，也就是更多地做出深层表演或自然表达，更少的表层表演；另一方面，当幼儿教师面对幼儿家长的无礼行为时，能够更为快速准确地理解和分析对方的情绪、调整自身的情绪，有利于做出适应性更强的深层表演和自然表达。综上可见，个体内部因素中，职业认同是幼儿教师情绪劳动的核心影响因素，情绪智力在幼儿教师职业认同和情绪劳动之间可能存在调节作用，需要后续研究进一步探索和验证。

其次，外部因素的家长无礼行为。访谈发现，在家园沟通中，幼儿教师经常会面对家长的无礼行为（如对幼儿教师的辛勤工作无反馈、对园所工作的不配合、不理解等），从而产生消极情绪。为符合职业展示规则，需要压抑自身的负性情绪即采用表层表演的策略，与已有研究结果一致，如Rupp等（2008）的研究表明，工作场所当中，服务对象的不公平水平越高，员工越多地使用表层表演的情绪劳动策略，更少地使用深层表演和自然表达策略。Adams 和 Webster（2013）的研究也显示，顾客的虐待能够正向预测服务人员的表层表演进而导致工作压力的增加。情感事件理论认为，工作场所发生的情绪事件会影响员工的情感和态度，也会直接影响员工的情绪和行为（Weiss & Cropanzano，1996）。当幼儿教师遭遇到家长无礼对待时，负性情绪增加，情绪资源流失，容易带来表层表演，减少深层表演和自然表达。

家长的无礼行为对幼儿教师情绪劳动影响的内在机理。通过访谈还可以发现，幼儿教师面对家长的无礼行为时，容易体验到负性情绪，更重要的是，除对情绪的影响外，幼儿教师面对家长的无礼行为时容易感受到自身的不被尊重，尤其是当自己对幼儿悉心照顾、用心付出时，家长未给予积极反馈，甚至被认为这是幼儿教师理所应当时，幼儿教师会对自身价值产生怀疑，引起幼儿教师自我评价水平的降低即自尊水平的变化。

幼儿家长和幼儿教师与商业组织服务人员不同，二者需要长期、频繁地互动，形成了稳定、相对熟悉的人际关系。根据自尊的社会计量器理论（Leary & Baumeister，2000），当个体感知到被他人的接纳和认可时，自尊水平就会提高，从而产生积极的情感体验；当人际关系出现问题或者被拒绝时，个体的自尊会下降并引发消极情感作为一种信号激发个体去恢复人际关系。因此，家长对幼儿教师表现的无礼行为会使幼儿教师更容易感受到不被认可，自尊的水平下降，同时体验到消极情绪，导致幼儿教师更多的使用表层表演策略，更少地使用深层表演和自然表达策略。综上所述，家长无礼行为是情境事件因素中的代表性影响因素，自尊可能在二者之间起到中介作用，在随后的量化研究中，将进一步考察其对幼儿教师情绪劳动的影响机制。

最后，外部因素的组织因素方面。访谈结果发现，在幼儿教师情绪劳动过程中，幼儿教师感知到越多的组织支持，就越多地采用深层表演和自然表达的情绪劳动策略，更少地使用表层表演策略，这与前人研究结果一致（Allen et al.，2010；Mishra，2014）。同时，访谈结果也进一步揭示了组织支持对幼儿教师情绪劳动可能的作用机制。组织支持能够给幼儿教师带来信息和情感方面的支持，使幼儿教师在面对幼儿家长时更有信心，对待压力和挫折时，能够更有希望、更乐观地应对，更有韧性，说明感知到组织支持水平越高的幼儿教师的心理资本水平越高，越能够做出需要付出更多心理资源的深层表演，越少地做出表层表演。心理资本水平越高的个体，能够更为乐观地面对工作中遇到的挫折，更有信心解决工作中的问题，进而越容易体验到积极情绪，越能够自然地呈现符合组织要求的情绪，即在情绪劳动时采用自然表达策略。因此，组织支持很可能通过增加幼儿教师的心理资本来影响其情绪劳动的水平。鉴于组织支持在组织层面影响因素中的重要地位，在随后的研究中，组织层面影响因素将以组织支持作为核心变量深入开展。

本研究主要结论基于文献回顾和对质性访谈资料的整理，大体上了解了家园沟通中幼儿教师情绪劳动的核心影响因素及可能存在的作用机制，为后续的量化研究奠定了基础。然而，囿于研究主题的复杂性和质性资料的局限性，无法得出各层面影响因素对幼儿教师情绪劳动的效应的大小，更无从将各因素的作用大小进行比较，有待于下一步量化研究的验证和补充。

三、实践启示

本研究采用深度访谈的方法，初步判定家园沟通中幼儿教师情绪劳动的核心影响因素为家长无礼行为、职业认同和组织支持，并进一步探索各因素对幼儿教师情绪劳动的作用路径。研究结论对促进幼儿教师自身合理运用情绪劳动策略、降低幼儿教师职业倦怠水平有积极的指导作用，同时，政府和基层幼儿园能够借鉴本研究结论，进一步优化幼儿教师的选拔、聘用、培养、培训等工作。

第一，幼儿教师的情绪展示规则与商业组织服务行业的情绪展示规则类似，属于整合的情绪展示规则，既包含表现积极情绪（积极展示规则），也包含对消极情绪的抑制（消极展示规则），此外，幼儿教师情绪要求也包含感受规则，如对幼儿要表现出关爱、对家长需要表现出尊重的态度等。但总体而言，幼儿教师的展示规则与商业组织的差异并不明显，表现积极情绪是幼儿教师情绪要求中的重要部分。根据前人研究结果，展示规则的呈现方式可能会影响员工职业倦怠水平和工作态度，如积极展示规则通常会带来积极的结果，比如更低水平的去人性化，职业效能感更高（Kim，2008）。元分析研究结果也显示，积极展示规则与工作满意度和工作绩效之间存在显著正相关，与压力/情绪耗竭无关（王海雯，张淑华，2018），可能的原因是积极展示规则能够鼓励员工更多的感受和表现积极情绪，而消极展示规则要求幼儿教师面对家长和幼儿时不要表现出负面情绪。根据前人研究结果，消极展示规则往往能够带来不良后果，如工作满意度降低（Diefendorff & Richard，2003），情绪耗竭水平增加等（Montgomery，Panagopolou，de Wildt & Meenks，2006）。因此，幼儿园管理者在制订情绪展示规则相关规定时，可以更多地使用积极展示规则的方式，避免使用消极展示规则，以期鼓励幼儿教师在家园沟通中感受和表现积极情绪。

第二，家园沟通中幼儿教师付出的情绪劳动不容忽视。虽然本研究通过深度访谈发现，幼儿教师情绪劳动的对象包括幼儿及幼儿家长，但幼儿教师面对幼儿家长时体验到情绪失调的频率更高，且与幼儿的态度与行为相比，幼儿家长态度与行为（尤其是消极态度与行为）对幼儿教师的情绪状态、工作相关态度（如职业倦怠、工作满意度）的影响效应更大，这可能与社会对幼儿教师群体的态度有关。当前，我国幼儿教师的社会地位较低，工作压力较大，职业心理状况不容乐观，尤其是民办幼儿园和农村幼儿园幼儿教师的生存状况令人担忧（孙扬，2018）。幼儿教师的职业幸福关乎其职业队伍的稳定性和幼儿发展，因此，幼儿园管理者可以将情绪劳动作为切入点，积极采取措施促进幼儿教师合理进行情绪劳动，尤其是应当重视幼儿教师和家长之间的沟通质量，积极搭建沟通平台，增加幼儿教师和家长之间信息的对称性，增进幼儿家长对幼儿教师的理解与尊重，减少家长无礼行为现象的发生，构建良性循环的家园共育关系。

第三，职业认同是幼儿教师进行情绪劳动的基本逻辑起点，体现了幼儿教师践行职业角色的发心，同时，消极情绪事件，如家长无礼行为可能会降低幼儿教师采取"真心实意"的情绪劳动策略。已有研究显示，组织支持不仅能够缓冲情绪劳动带来的负面作用（Nixon et al.，2013），也能够促进幼儿教师采取真心实意的情绪劳动策略。那么，园所应当在搭建良好家园共育平台的基础上，积极采取策略提升幼儿教师的职业认同，提供幼儿教师必要的组织支持。自我决定理论认为，员工具备三种基本心理需要：归属需要、胜任需要和自主的需要（Deci & Ryan，2000），增加对幼儿教师的组织支持，促进幼儿教师职业认同水平，能够促进幼儿教师基本心理需要的满足，进而提升幼儿教师情绪劳动的内部动机水平，有助于幼儿教师采取真心实意的情绪劳动策略，减少虚情假意的情绪劳动策略，进而带来积极的职业和组织结果。

第七章 家园沟通中的幼儿教师情绪劳动量表修订与应用

第一节 家园沟通中的幼儿教师情绪劳动量表的修订

一、研究目的

科学有效的测量工具是进行后续实证研究的基础。本研究将以幼儿教师为对象，对Diefendorff等（2005）编制的经典情绪劳动量表进行修订，以适用于家园沟通中幼儿教师情绪劳动的测量，为了解家园沟通中幼儿教师情绪劳动现状以及后续量化研究奠定基础。

二、研究方法

（一）被试

初测（样本一）。用于项目分析和探索性因素分析。采用方便取样的方式，在长春市选取了公办、民办幼儿园各四所，对全体一线幼儿教师进行了整体施测，共得到658份数据，根据Leither（2013）的建议，将作答时间过短（<600s）的问卷进行剔除，同时根据反向计分题、测谎题等删除明显随意作答的问卷，最终获得606份有效问卷，问卷有效率为92.1%。被试基本信息见表7-1。

表7-1　被试基本信息表（n=606）

分组		n	分组		n
年龄	20周岁及以下	78	薪酬	1000~2000元	49
	21~30周岁	267		2001~3000元	207
	31~40周岁	113		3001~4000元	183
	41~50周岁	121		4001~5000元	90
	51周岁及以上	27		5001及以上	57
教龄	5年及以下	213	性别	男	0
	6~10年	138		女	606
	11~15年	149	园所类型	公办	324
	16~20年	76		民办	282
	20年及以上	30	监控情况	有监控	237
				无监控	369

正式施测（样本二）。用于验证性因素分析。采用问卷星发放问卷，以方便取样的方式在全国范围内发放问卷，同时辅助以滚雪球的方式增大了被试量。对原始数据进行筛选，根据Leither（2013）的建议，将作答时间过短（<600s）的问卷进行剔除，同时根据反向计分题、测谎题等删除明显随意作答的问卷，最终共获得2012份有效问卷（被试基本信息见表7-2）。

表7-2　正式施测被试人口学变量信息（n=2012）

分组		n	分组		n
年龄	20周岁及以下	84	薪酬待遇	1000~2000元	11
	21~30周岁	953		2001~3000元	250
	31~40周岁	634		3001~4000元	559
	41~50周岁	301		4001~5000元	518
	51周岁及以上	37		5001及以上	647
教龄	5年及以下	861	性别	男	38
	6~10年	473		女	1974

续表

分组	n	分组		n
11~15年	228	园所类型	公办	1621
16~20年	171		民办	391
20年及以上	277	监控情况	有监控	1075
			无监控	937

（二）研究工具

本研究初始问卷项目的基础为研究一深度访谈获得的项目池和已有经典的情绪劳动量表（Diefendorff et al.，2005），将幼儿教师在家园沟通中的情绪劳动划分为三个维度：表层表演、深层表演和自然表达，各维度下项目的来源为采用关键事件访谈法获取的信息，形成初始问卷后，由三名心理学专家和五名心理学在读博士研究生对问卷的项目进行讨论并修改，随后由三名在职幼儿园园长和三名在职幼儿教师对项目表述进行反复阅读，并依据自身工作经验和具体工作情境对问卷项目表述提供建议。经过多次讨论和反复修改后，形成了包括三个维度，18个项目的"幼儿教师情绪劳动初始量表"。

（三）实施过程与统计处理

初始量表题目分为两部分，情绪劳动量表和职业倦怠量表。首先确定拟取样的省份，依托教育部幼儿园园长培训中心，与各省份符合条件的过往参与培训的幼儿园园长取得联系，由园长对所在幼儿园的一线幼儿教师进行问卷发放，问卷发放前向园长说明测量内容、目的，采用微信语音通话的方式对其进行施测过程的培训。问卷发放采用网络版形式发放，以便方便、快捷获取测量数据。正式问卷为自编的"幼儿教师情绪劳动量表"。

对获取的数据进行的统计处理如下：采用SPSS23.0对数据进行描述统计、项目分析、信度分析、探索性因素分析和相关分析；采用Amos23.0对数据进行验证性因素分析。

三、结果分析

（一）项目分析

项目分析是指在组成测验之前，应对每个测题进行分析，以改善和提高测验的信度和效度，本研究主要采用项目区分度来对题项的品质进行分析。采用决断值（CR值）和项目与总分之间的相关两种计算方法。

首先计算各题项的决断值，将被试得分进行高低顺序排序，选出前27%得分的被试作为高分组，后27%得分的被试作为低分组，高分组和低分组称为效标组，随后比较每个题目在这两个效标组的得分是否达到显著的差距，通过差异检验，所有题项在两个效标组上的得分均达到显著差异。其次采用项目与总分的相关进行相关分析，计算各维度的每一个项目与该维度的总分的简单积差相关系数，标准为相关系数$r \geqslant 0.4$，$p < 0.05$，删除表层表演维度中的Q1、Q4、Q7，删除深层表演维度中的Q14、Q17，删除自然表达维度中的Q3、Q6。

（二）探索性因素分析

采用探索性因素分析确定量表的维度及各题项在因子上的负荷，依据各项目的因子负荷进一步做题目的删减（结果见表7-3）。依据吴明隆（2010）的标准，项目的因子负荷应当$\geqslant 0.4$，且若同一题项在两个因子上的负荷值间的差值小于0.2，则可以将该题项予以删除。

表7-3　各题项的因子负荷

题项	因子负荷		
	SA	DA	NA
11 为了表现恰当的情绪，在家长面前夸大了自己的表情。	0.68		
15 为符合幼儿教师形象，在家长面前掩藏了自己的真实感受。	0.83		
16 对家长表现出的愉快表情是经过调整和修饰的。	0.84		
2 为了在家长面前表现恰当的情绪，努力调整自己的心态。		0.76	
5 努力调整内心的感受，在家长面前表现出恰当的情绪。		0.81	
10 面对家长的无礼质疑，努力理解家长的感受，平和双方的情绪。		0.69	

续表

题项	因子负荷		
	SA	DA	NA
9 跟家长交谈时，感觉到很愉快。			0.72
12 对家长展现的积极情绪是自然而然体验到的。			0.77
13 对家长表现出的尊重是自己当时的真实感受。			0.75
18 与家长沟通时，发自内心地表现出尊重、平和。			0.73

注：SA表示表层表演，DA表示深层表演，NA表示自然表达。

通过探索性因素分析结果可知，所有题目的因子符合都在0.4的临界标准以上，第8题在深层表演和自然表达维度上均有较高的负荷值且二者之间的差值小于0.1，故将第8题予以删除。

（三）信度

1. 内部一致性信度

本研究采用内部一致性信度系数对量表进行信度检验，三个分维度的信度系数在0.72～0.74之间，达到心理与教育统计的测量学标准（吴明隆，2010）。

2. 重测信度

对同一批被试进行两次测量，时间间隔为3个月，考察量表的重测信度，结果表明，量表的重测信度$r=0.76～0.84$，说明量表具有良好的重测信度。

（四）效度

内容效度。量表的理论维度来源于Diefendorff等（2005）提出的情绪劳动三维度理论，基于该理论编制的量表被广泛使用，多个研究结果证明其具有良好的信效度，因此，本研究编制的量表理论基础良好。同时，在形成以幼儿教师为对象的问卷项目的过程中，对一线幼儿教师进行深度访谈，并通过与幼儿教师、幼儿园园长、心理学专业人士进行了反复商讨最终确定，保证了量表项目的文字表述符合我国幼儿教师的工作实际。因此，本研究编制的量表具有较好的内容效度。

构念效度。采用验证性因素分析（CFA）估计量表的构念信度，对量表的理论结构加以检验与确认。验证性因素分析的模型拟合结果见表7-4，模型结构见图7-1。

表7-4　验证性因素分析模型拟合指数

χ^2	df	TLI	CFI	AIC	BIC	RMSEA（90%CI）
518.836	135	0.915	0.939	61086.912	61283.103	0.073[0.068，0.079]

根据传统标准，本研究验证性因素分析模型拟合结果中，χ^2/df的值介于2到5之间，CFI、TLI值>0.90，RMSEA<0.08，幼儿教师情绪劳动量表各指标在可接受范围之内，模型拟合指数较好，具有良好的构念效度。

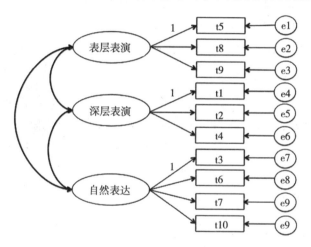

图7-1　幼儿教师情绪劳动的一阶因子结构模型

效标关联效度。如前所述，多个已有研究结果发现情绪劳动能够显著预测职业倦怠，因此，本研究效标选取的量表是Maslach和Jachson（1986）编制的职业倦怠量表（maslach burnout inventory，MBI），该量表的使用范围广泛，已有大量研究证明该量表具有很好的信效度，本研究中内部一致性信度α=0.81。情绪劳动与职业倦怠及其各维度间的相关结果见表7-5。

表7-5　幼儿教师情绪劳动与职业倦怠之间的相关（n=2012）

	M	SD	表层表演	深层表演	自然表达	情绪耗竭	去人性化	职业效能
表层表演	3.01	0.97	—	0.25***	0.05	0.22***	0.19***	−0.07**
深层表演	4.40	0.66	0.38**	—	0.55***	−0.06	−0.11***	0.24***
自然表达	4.42	0.54	0.11*	0.50**	—	−0.29***	−0.32***	0.40***
情绪耗竭	2.71	1.05	0.03	−0.08	−0.18**	—	0.70***	−0.29***
去人性化	2.59	0.84	−0.04	−0.13**	−0.19**	0.68**	—	−0.32***
职业效能	4.18	0.60	−0.21**	0.11*	0.25**	0.04	0.04	—

注：对角线以下是未控制年龄和教龄的相关系数，对角线以上是控制了年龄和教龄的偏相关系数，***p<0.001，**p<0.01，*p<0.05。

由表7-5可知，在家园沟通情境中，幼儿教师表层表演与情绪耗竭（r=0.22，p<0.001）和去人性化（r=0.19，p<0.001）均呈显著正相关，而与职业效能感呈显著负相关（r=−0.07，p<0.01）；深层表演与去人性化有显著负相关（r=−0.11，p<0.001），与职业效能感有显著正相关（r=0.24，p<0.001），与情绪耗竭无显著相关；自然表达与情绪耗竭（r=−0.29，p<0.001）和去人性化（r=−0.32，p<0.001）显著负相关，与职业效能显著正相关（r=0.40，p<0.001）。

四、讨论

（一）家园沟通中的幼儿教师情绪劳动量表的修订

鉴于幼儿教师在家园沟通中存在大量情绪劳动，本研究以幼儿教师为对象，对Diefendorff（2005）经典情绪劳动量表进行修订，形成适用于家园沟通情境中的幼儿教师情绪劳动的量表。修订的量表结构清晰，信效度良好，可以作为对家园沟通中幼儿教师情绪劳动的测量工具，具有一定的理论意义和应用价值。

理论意义方面，依据Ashforth和Humphrey（1993）、Zapf（2002）、Diefendorff等（2005）学者的理论观点，自然表达是员工能够自然而然地展现出符合展示规则的情绪，本研究修订的量表对自然表达维度的项目表述进行了修正，如"我面对家长表现出的积极情绪是自然而然感受到的"，使其更加符合理论内涵，量表的内容效度更为理想。再者，验证性因素分析结果支持了情绪劳动三维度模型在我国幼儿教师家园沟通中的适用性，为情绪劳动三维度模型的跨文化一致性提供了证据支持。

应用价值方面，量表的修订立足于我国幼儿教师情绪劳动的现实情况，首次将家园沟通情境纳入幼儿教师情绪劳动测量中，项目表述具有一定的文化和时代背景特色，为相关研究的开展提供了科学、有效的测量工具，可以用来了解我国幼儿教师家园沟通中情绪劳动的整体情况，也可以根据科学研究或培训目标选择性地考察个体情绪劳动情况。此外，研究结果可以作为我国家园沟通中幼儿教师情绪劳动的常模，可为后续研究的数据对比提供参考。

（二）家园沟通中幼儿教师情绪劳动与职业倦怠的关系

研究结果显示，在控制了教龄和年龄后，表层表演频率越高的幼儿教师的情绪耗竭、去人性化水平越高，职业效能感水平越低；而深层表演和自然表达能够显著负向预测情绪耗竭和去人性化，正向预测职业效能感，与已有的商业组织服务人员结果一致（Brotheridge & Grandey，2002；廖化化，颜爱民，2016），与已有教师情绪劳动研究结果也一致（孙阳，张向葵，2013；Yin，2015），说明情绪劳动对职业倦怠的预测作用具有跨职业的稳定性。此外，研究结果还发现，三种情绪劳动策略对职业倦怠各维度的预测作用大小不尽一致，表层表演和自然表达对情绪耗竭的预测作用比深层表演更大，深层表演和自然表达对职业效能感的预测作用比表层表演更大，说明不同情绪劳动策略对职业倦怠的效应的作用路径可能不同。更具体而言，表层表演对情绪耗竭和去人性化的预测作用较大，说明表层表演通过情绪和失调机制发挥作用；深层表演和自然表达对职业效能感的作用更大，说明深层表演和自然表达可能通过人际互动路径对职业效能感发挥作用。

研究结果支持了资源保存理论的观点。首先，表层表演由于内在情绪体验和外在情绪表现的不一致，需要调整个体的情绪表现，消耗个体的认知资源，进而带来生理唤醒增加、动机水平降低等结果（Baumeister，Vohs &

Tice，2007）。其次，表层表演会导致个体持续处于情绪失调中，需要个体持续对自身外在情绪表现进行调整，进一步加重资源的损耗，带来消极结果。深层表演和自然表达由于其外在情绪表现和内在情绪体验的一致性，则不会带来资源的持续损耗，另一方面，深层表演和自然表达由于其真实性有利于形成良好的人际互动关系，带来人际资源的增益，进而得到积极结果。

本研究结果对幼儿园管理实践具有一定的启示。依据职业倦怠的过程模型（Leither，1993），在人际冲突情境下，个体最先经历情绪耗竭，随后会带来去人性化，最后经历职业效能感的下降。已有研究也发现，情绪耗竭受到来自情境方面的压力因素影响最大（Leither & Maslach，1988）。提示幼儿教师体验到情绪失调时，幼儿园管理者应当采取措施及时给予情绪资源的补充来缓冲表层表演带来的消极结果，避免进而可能产生的去人性化和职业效能感降低。

综上，家园沟通中，幼儿教师的表层表演引发消极结果，深层表演、自然表达能够产生积极作用，减少幼儿教师的表层表演、增加幼儿教师的深层表演和自然表达则对降低幼儿教师的职业倦怠具有重要的实践价值。

第二节　家园沟通中幼儿教师情绪劳动的现状
——以吉林省幼儿教师为例

一、研究目的

本研究以吉林省幼儿教师为被试，采用研究一A自编量表考察幼儿教师情绪劳动的现状，并进一步分析幼儿教师情绪劳动在不同人口学变量（如年龄、教龄、园所类型、学历等）上的差异。此外，为更加全面地考察幼儿教师情绪劳动的现状，基于个体为中心的视角，采用潜在剖面分析的方法，依据三种情绪劳动策略的水平，考察幼儿教师群体情绪劳动的潜在类型。

二、研究方法

（一）被试

采用方便取样的方式，对吉林省的658名一线幼儿教师进行问卷调查以获取数据，根据Leither（2013）的建议，将作答时间过短（<600s）的问卷进行剔除，同时根据反向计分题、测谎题等删除明显随意作答的问卷。删除无效问卷后，回收606份有效问卷，问卷有效率为92.1%。被试基本信息见表7-6。

表7-6　被试基本信息表（$n=606$）

分组		n	分组		n
年龄	20周岁及以下	78	薪酬	1000～2000元	49
	21～30周岁	267		2001～3000元	207
	31～40周岁	113		3001～4000元	183
	41～50周岁	121		4001～5000元	90
	51周岁及以上	27		5001及以上	57
教龄	5年及以下	213	性别	男	0
	6～10年	138		女	606
	11～15年	149	园所类型	公办	324
	16～20年	76		民办	282
	20年及以上	30	监控情况	有监控	237
				无监控	369

（二）工具

采用研究二A中修订的幼儿教师情绪劳动量表，共三个维度，其中，表层表演包含3个项目，深层表演包含3个项目，自然表达包含4个项目，量表采用李克特五点评分的方式，从"1=完全没有"到"5=总是"，分数越高，表明被试使用该策略的频率越高。量表内部一致性α系数为0.77～0.82。

（三）实施过程与统计处理

采用整群抽样的方式，在吉林省长春市选取了12所幼儿园，取样兼顾园所类型和办园水平。具体施测由两名主试共同完成，以园所为单位，采用集中作答的方式，施测前，主试向被试说明作答具体要求，注意事项，宣读指导语，作答完毕后当场回收，每位被试提交问卷时主试赠送给被试一份礼品表示感谢。

对获取的数据进行的统计处理如下：采用SPSS23.0对数据进行描述统计和差异检验；采用Mplus7.0对数据进行潜在剖面分析。

三、结果分析

（一）幼儿教师情绪劳动现状——基于变量中心视角

1.整体分析

对606名幼儿教师进行问卷调查，考察幼儿教师情绪劳动各维度现状，具体结果见表7-7。

表7-7　幼儿教师情绪劳动现状统计表（$n=606$）

	最小值	最大值	平均值	标准差
表层表演	1.00	5.00	3.17	0.96
深层表演	1.00	5.00	4.34	0.66
自然表达	1.00	5.00	4.50	0.54

2.幼儿教师情绪劳动在人口学变量上的差异检验

采用独立样本t检验，考察园所类型、婚姻状况、养育状况、监控条件等人口学变量上幼儿教师情绪劳动的差异，采用单因素方差分析，考察不同教龄、年龄幼儿教师情绪劳动的差异，具体结果见表7-8。

表7-8　幼儿教师情绪劳动策略在人口学变量上的差异检验（$n=606$）

		n	SA $M \pm SD$	DA $M \pm SD$	NA $M \pm SD$
婚姻	已婚	375	3.12 ± 1.07	4.38 ± 0.78	4.55 ± 0.55
	未婚	221	3.22 ± 1.06	4.28 ± 0.76	4.42 ± 0.63
t			-1.167	1.552	2.772^{**}
养育	已育	325	3.13 ± 1.08	4.38 ± 0.79	4.57 ± 0.54
	未育	274	2.22 ± 1.06	4.31 ± 0.75	4.42 ± 0.63
t			$-.975$	1.049	3.054^{**}
年龄	≤20	31	3.45 ± 1.10	4.46 ± 0.56	4.52 ± 0.52
	21~30	315	3.22 ± 1.03	4.29 ± 0.78	4.44 ± 0.57
	31~40	171	3.07 ± 1.13	4.46 ± 0.68	4.56 ± 0.61
	≥41	58	2.82 ± 1.07	4.10 ± 1.03	4.59 ± 0.50
F			2.414	5.055^{**}	2.808^{*}

		n	SA $M \pm SD$	DA $M \pm SD$	NA $M \pm SD$
园所类型	公办	240	3.12 ± 1.08	4.47 ± 0.69	4.56 ± 0.58
	民办	363	3.19 ± 1.07	4.26 ± 0.81	4.46 ± 0.58
t			-0.792	3.316^{***}	2.003^{**}
监控	有	216	3.02 ± 0.96	4.21 ± 0.81	4.44 ± 0.53
	无	387	3.24 ± 1.12	4.42 ± 0.74	4.54 ± 0.61
t			-2.535^{*}	-3.157^{**}	-2.036^{*}
教龄	≤1	68	3.09 ± 1.08	4.18 ± 0.67	4.46 ± 0.55
	1~5	226	3.20 ± 1.05	4.35 ± 0.79	4.47 ± 0.52
	6~10	160	3.28 ± 1.07	4.31 ± 0.85	4.45 ± 0.74
	≥11	131	2.96 ± 1.05	4.42 ± 0.67	4.63 ± 0.47
F			2.394	2.611	3.051^{*}

注：$***p<0.001$，$**p<0.01$，$*p<0.05$。

由表7-8可知，公办园幼儿教师的深层表演显著高于民办园幼儿教师（$t=3.32$，$d=0.28$，df=567，$p<0.001$），公办园幼儿教师的自然表达得分显著高于民办园幼儿教师（$t=2.00$，$d=0.16$，df=601，$p<0.01$），公办园幼儿教师的表层表演得分与民办园幼儿教师的表层表演得分无显著差异；婚姻状况为已婚的幼儿教师，自然表达得分显著高于婚姻状况为未婚的（$t=2.77$，$d=0.23$，df=594，$p<0.01$），婚姻状况为已婚的幼儿教师表层表演、深层表演得分与婚姻状况为未婚的幼儿教师得分无显著差异；养育状况为已育的幼儿教师，自然表达得分显著高于养育状况为未育的（$t=3.05$，$d=0.25$，df=597，$p<0.01$）；实时监控条件下的幼儿教师表层表演（$t=2.54$，$d=0.23$，df=501，$p<0.05$）、深层表演（$t=3.16$，$d=0.28$，df=496，$p<0.05$）和自然表达（$t=2.04$，$d=0.17$，df=601，$p<0.05$）均低于无实时监控条件下的。

3.幼儿教师情绪劳动在不同园所类型、教龄上的差异

采用2（园所类型：公办，民办）×4（教龄：$0\sim5$，$6\sim10$，$11\sim15$，$\geqslant16$）两因素被试间方差分析，考察不同类型园所中各教龄幼儿教师的情绪劳动的差异。结果发现，自然表达得分上，园所类型主效应不显著，$F(1,584)=0.19$，$p>0.05$；教龄主效应不显著，$F(3,584)=2.26$，$p>0.05$；园所类型和教龄的交互作用显著，$F(3,584)=3.13$，$p<0.01$。首先，不同园所类型下各教龄幼儿教师的情绪劳动存在差异，公办园教龄$0\sim5$年的幼儿教师比民办园教师自然表达平均分更高，$t(246)=3.91$，$p<0.001$，民办园教龄为16年以上的幼儿教师的自然表达显著低于教龄为16年及以上的公办园幼儿教师，$t(57)=-2.07$，$p<0.05$，$6\sim10$年、$11\sim15$年的幼儿教师的自然表达在不同园所类型上无显著差异；其次，从不同教龄公办园和民办园幼儿教师的自然表达变化趋势上看，随着教龄的增加，公办园的幼儿教师自然表达得分未发生显著变化，民办园幼儿教师的自然表达得分随教龄的增加而逐渐升高。

4.幼儿教师情绪劳动在不同园所类型、监控条件下的差异

采用2（园所类型：公办，民办）×2（监控条件：有监控，无监控）两因素被试间方差分析，考察不同类型园所中不同监控条件下幼儿教师情

绪劳动的差异。结果发现，在自然表达的得分上，园所类型主效应显著，F（1,588）=11.52，$p<0.001$；监控条件的主效应不显著，F（1,588）=2.02，$p>0.05$；交互作用显著，F（1,588）=6.31，$p<0.05$。首先，不同园所类型中幼儿教师在不同监控条件下的自然表达存在差异，公办幼儿园的幼儿教师有监控和无监控条件下自然表达得分无显著差异，t（234）=-1.11，$p>0.05$，民办园有监控条件下幼儿教师的自然表达显著低于无监控条件下幼儿教师自然表达得分，t（354）=-2.85，$p<0.05$。

5. 不同职务、监控条件下幼儿教师情绪劳动的差异

采用2（监控条件：有监控，无监）×3（职务：主班老师，配班老师，保育员）两因素被试间方差分析，考察不同监控条件下的不同职务幼儿教师情绪劳动的差异。结果发现，在表层表演的得分上，监控条件的主效应显著，F（1,553）=10.94，$p<0.01$；职务的主效应不显著，F（2,553）=1.09，$p>0.05$；交互作用显著，F（2,553）=4.09，$p<0.05$。首先，不同职务幼儿教师在不同监控条件下的表层表演存在差异，职务为主班教师的幼儿教师，有监控和无监控条件下的表层表演得分无显著差异，t（231）=0.18，$p>0.05$，职务为配班老师的幼儿教师，在有监控条件下的表层表演得分显著低于无监控下的，t（173）=-2.38，$p<0.05$。职务为保育员的幼儿教师，有监控条件下的表层表演得分显著低于无监控下的，t（71）=-2.81，$p<0.01$。

（二）幼儿教师情绪劳动的潜在类型

1. 幼儿教师情绪劳动潜在剖面分析结果

为探索幼儿教师情绪劳动的潜在类型，以三种情绪劳动策略为观察变量，参考Nylund，Asparouhov和Muthen（2007）的做法，以K=2即类型数量等于两类型为起点，逐步增加类型的数量进行分析，直到模型拟合指数中AIC（akaike information criterion，赤池信息准则）、BIC（bayesian information criterion，贝叶斯信息准则）的值不再减小（模型拟合结果见表7-9）。根据Foti，Bray，Thompson 和 Allgood（2012）的研究建议，本研究考察了七个主要统计结果以确定最佳拟合模型：LL（log likelihood，最大似然估计）、AIC、BIC、SSA-BIC（sample-size-adjusted BIC，校正样

本量的BIC）、LMRT（Lo-Mendell-Rubin likelihood ratio test，罗梦戴尔鲁本似然比检验）、BLRT（bootstrap likelihood ratio test，bootstrap似然比检验）、Entropy（信息熵）。其中，LL、AIC、BIC、SSA-BIC的值用于模型比较，值越小则模型拟合越好，Entropy表示分类准确率，若模型K的LMR和BLRT的值达到显著性水平（$p<0.05$），表明模型K比模型K-1的方差解释率高。

表7-9　各模型拟合度比较表（$n=606$）

	LL	FP	AIC	BIC	SSA-BIC	LMR（p）	BLRT（p）	Entropy
模型一：二类型	−1995.684	10	4011.368	4055.388	3023.640	0.1449	<0.001	0.845
模型二：三类型	−1901.703	14	3831.406	3893.033	3848.586	0.0366	<0.001	0.882
模型三：四类型	−1811.613	18	3659.226	3738.460	3681.315	0.0353	<0.001	0.910
模型四：五类型	−1762.282	22	3568.563	3665.405	3595.561	0.0172	<0.001	0.935
模型五：六类型	−1746.407	26	3544.814	3659.264	3576.721	0.4477	<0.001	0.823

对五种模型的拟合指数进行比较，比较标准依据：AIC、BIC、SSA-BIC用于模型比较，数值越小表示模型拟合越好；LMR、BLRT达到显著性水平；Entropy（熵值）表示分类准确概率，数值越大表示准确性越高。据此，将模型二即三类型作为本研究中的最有拟合模型。

考虑对现实工作的指导意义，本研究根据各潜在类型的表层表演和深层表演的原始平均分$M_{表层表演}$、$M_{深层表演}$、$M_{自然表达}$作为命名依据。以往研究表明，动机是影响员工如何使用情绪调节策略的重要影响因素，具备较强的职业角色认同或高水平顾客导向的员工更倾向于使用深层表演策略（Allen et al., 2010；Maneotis, Grandey & Krauss, 2014），对情绪要求的承诺水平高的员工更倾向于使用两种策略来实现组织对其的情绪表现要求。可见，员工情绪劳动策略的使用反映了员工对待工作和情绪劳动对象的态度。具体到幼儿教师职业中，师爱是学前教育的灵魂，幼儿教师情绪劳动策略的使用反映了幼儿教师的职业态度及其对待幼儿的爱心水平，同时参考已有研究的类型命名（Gabriel et al.，2015；刘丹 等，2018），将人数最多的一类命名为灵活型（64.5%，$M_{表层表演}$=3.45，$M_{深层表演}$=4.80，$M_{自然表达}$=4.70），该类型的三种情绪劳动策略水平都相对最高；其次为努力调节型（30.2%，$M_{表层表演}$=3.75，$M_{深层表演}$=4.17，$M_{自然表达}$=2.32），该类型的表层表演、深层表演水平高，自然表达水平相对较低；第三为自然表达型（5.5%，$M_{表层表演}$= 2.26，$M_{深层表演}$=2.14，$M_{自然表达}$=3.98），该类型的自然表达水平较高而表层表演和深层表演水平均较低。各类型情绪劳动得分平均值见图7-2。

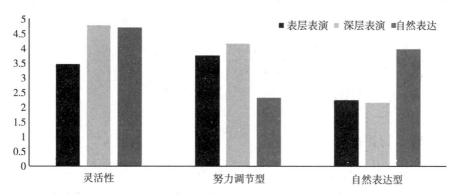

图7-2　幼儿教师情绪劳动各潜在类别均值图

2. 潜在剖面分析结果的有效性

已有研究将职业倦怠作为情绪劳动的重要结果变量，为检验潜在剖面分析结果的有效性，以职业倦怠及其三个维度为因变量进行单因素方差分析，考察幼儿教师不同情绪劳动潜在类别在职业倦怠及其三个维度上的差异，结果见表7-10。

表7-10　幼儿教师情绪劳动潜在类型在职业倦怠及其维度上的差异检验

	灵活型 （n=389） （M±SD）	努力调节型 （n=182） （M±SD）	自然表达型 （n=32） （M±SD）	F
情绪耗竭	2.10±0.96	2.42±0.95	2.11±0.91	6.98** （1<2，3<2）
去人性化	2.04±0.76	2.38±0.76	2.06±0.70	12.52*** （1<2，3<2）
低职业效能	1.68±0.86	1.93±0.62	1.76±0.89	6.20** （1<2，3<2）
职业倦怠	1.92±0.55	2.22±0.59	1.96±0.56	17.40*** （1<2，3<2）

注：***$p<0.001$，**$p<0.01$，*$p<0.05$。

结果表明，幼儿教师情绪劳动的不同潜在类别上的职业倦怠得分差异显著（$F(2,600)=17.473$，$p<0.001$），采用Bonferroni事后多重比较发现，灵活型、自然表达型幼儿教师的职业倦怠及三个子维度的得分均显著低于努力调节型的得分，自然表达型和努力调节型幼儿教师的职业倦怠及三个子维度的得分间无显著差异。

四、讨论

本研究采用自编的幼儿教师情绪劳动量表，基于个体中心和变量中心结合的视角，全面考察幼儿教师情绪劳动的现状，并从年龄、教龄、园所类型等人口学变量出发进一步考察幼儿教师情绪劳动的具体情况。

（一）幼儿教师情绪劳动的整体分析

首先，基于变量为中心的视角，幼儿教师的三种情绪劳动策略得分的平均分最高为自然表达、其次为深层表演，表层表演的得分最低，且三种情绪劳动策略的得分均高于理论中值，说明幼儿教师在家园沟通中需要付出情绪劳动，采取一定的情绪劳动策略管理自身的情绪体验和情绪表现，与以往的师幼互动中幼儿教师情绪劳动研究结果一致（Fu，2015；孙阳，2013）。Brotheridge和Grandey（2002）的研究结果发现，相比于服务员，社会工作者（如教师、医生）的去人性化水平最低，社会工作者的个人成就感最高，这可能与社会工作者表现的情绪的多样性有关，而商业组织服务人员则需要更多的表现积极情绪。尹坚勤等人（2019）的研究发现，我国幼儿教师在师幼互动中的表层表演频率明显低于深层表演和自然表达。结合本研究结果，说明幼儿教师无论在师幼互动中还是家园沟通中，其情绪劳动都是以大量的深层表演和自然表达为主要特征，与商业组织服务人员的情绪劳动有本质的区别，可能的原因是幼儿教师的职业要求是表现真情实感，而非外在情绪表现，也说明幼儿教师不仅感知到了职业的情绪要求，更发自内心地认同该职业要求，并在工作实践中得以充分展现。

其次，基于个体为中心的视角进行分析可以发现，幼儿教师情绪劳动的类型可以分为三类，灵活型、真诚调节型和自然表达型。已有针对商业服务员工的研究结果显示，其情绪劳动存在五种潜在类型：表层表演型、深层表演型、调节型、不表演型和低表演型（Diefendorff & Gosserand，2015），也有研究发现了四种潜在类型：灵活型、真实型、压抑型、不调节型（Cossette & Hess，2015）。国内学者刘丹等人（2018）以幼儿教师为对象，依据表层表演和深层表演两个维度得分，将幼儿教师情绪劳动分为四种潜在类型：珍爱型、积极型、内热型和冷淡型。这些研究或是以商业组织服务人员为对象，或是考察幼儿教师面对幼儿时的情绪劳动。通过对已有个体中心研究的分析可以发现，即便各研究下被试的潜在剖面类型的数量和类型存在差异，但都存在以下几种类型（以典型服务行业人员为被试）：积极调节者（表层表演和深层表演均高）、无表演者（表层表演和深层表演得分均低）、表层表演者（表层表演高而深层表演低）。

本研究结果与已有研究得出的类型存在差异可能与被试职业类型有关。以往研究关注的是典型的服务行业员工（如银行柜台、超市服务员、售货员等），本研究的被试为幼儿教师，两者核心的区别在于服务行业是利益导向，而教师职业则具备一定的关爱导向（Bolton，2007），而幼儿教师在家园沟通中，展现积极情绪的目标是对自身职业价值的实践，更多地受到内部动机驱动，而商业组织服务人员的情绪劳动目的是通过提升顾客满意度而增加经济利益，具有商业交换价值，受到外部动机驱动（Cossette & Hess，2015）。因此，本研究的类型中，不存在其他服务行业中存在的表层表演型（表层表演水平高而深层表演、自然表达水平低），因为表层表演并非真心实意的情绪劳动策略，与幼儿教师职业的关爱导向冲突，无法缓冲情绪失调带来的心理资源的损耗，所以该类型的幼儿教师无法长期从事这一职业，因此本研究结果中不包含该特征的类型。

（二）幼儿教师情绪劳动在人口统计学变量上的差异

首先，个体因素方面。随着教龄的增长，幼儿教师在家园沟通中的表层表演有下降的趋势，自然表达有上升的趋势，与已有研究结果类似，如Sliter等人（2013）的研究发现，员工的年龄能够通过情绪智力和积极情绪负向预测表层表演水平、正向预测深层表演水平，进而影响员工的主观幸福感。研究结果还发现，家园沟通中，不同年龄的幼儿教师在深层表演水平上差异显著，随着年龄的增长，幼儿教师的深层表演和自然表达呈现逐渐升高的趋势。这与已有的研究结果一致（孙阳，2013）。根据社会情绪选择理论的观点，随着个体年龄的增加，个体对情绪信息的选择会偏好于积极方面，增加积极情绪体验，转化为个体心理资本。

其次，工作特征因素方面。本研究结果显示，有监控条件下幼儿教师的三种情绪劳动发生的频率低于无监控条件下的幼儿教师，可能的原因是在有监控条件下，幼儿教师的工作透明度更高，幼儿家长能够了解幼儿在园情况，看到幼儿教师在工作中的付出，增加了家长和幼儿教师之间信息的对称性和透明度，客观上降低了幼儿家长无礼行为的发生概率。同时，在有监控的条件下，由于家长的实时监控，幼儿教师需要持续关注自己在幼儿面前的情绪表现，已有研究也显示，工作自主性能够对员工情绪劳动产生影响，员工展示积极情绪的自我决定程度越高，越倾向于采用深层表演策略（Grandey，2000；Cosstee & Hess，2012），那么由此可以推断，在有可供家长实时观看的监控条件下，幼儿教师在面对幼儿时的表层表演可能更高，有待于未来研究进一步验证。

此外，研究还发现，聘用类型为合同制的幼儿教师，表层表演的水平高于事业编制的幼儿教师，而深层表演和自然表达则显著低于事业编制的教师。已有研究显示，对情绪展示规则的感知能够正向预测员工的表层表演（Diefendorff & Gosserand，2003），不同聘用形式下的幼儿教师情绪劳动存在显著差异，说明相较于聘用类型为事业编制，合同制幼儿教师需要面对更高的情绪展示要求，监控自身情绪表现，原因可能在于，多数民办幼儿园将家长满意度作为对幼儿教师工作绩效评价的重要指标，在家园沟通中，即便幼儿教师内心体验的是负面情绪，也要尽量表现出积极的表情，导致表层表演的水平更高。

（三）实践启示

依据本研究的结果，可以为幼儿园管理以及幼儿教师自身的情绪管理等提供以下几点建议。

首先，本研究结果发现，表层表演能够正向预测幼儿教师职业倦怠，而自然表达能够负向预测幼儿教师的职业倦怠，深层表演对职业效能感有显著正向预测作用，说明表层表演对幼儿教师职业幸福感会产生消极作用，而深层表演、自然表达则能够带来积极结果。结合第六章结果，幼儿教师在工作中不可避免地需要面对家长的无礼行为，鉴于幼儿教师无法自主选择在家园沟通中的服务对象，在面对家长的无礼行为时，不能选择回避，引发了大量的情绪劳动。同时，根据Groth和Grandey（2012）的观点，人际互动对象之间的消极事件会产生累积效应（negative exchange spirals），带来恶性循环。因此，幼儿园管理者应当采取措施降低幼儿教师的表层表演水平，促进其深层表演和自然表达。已有研究发现，观点采择能够降低员工面对来自顾客消极行为时的反应（Rupp et al.，2008），社会分享（social sharing）也能够缓冲员工情绪劳动导致的消极结果（McCance et al.，2013）。所以幼儿园管理者可以从这两个方面入手，一方面，积极搭建家园沟通平台，增进幼儿教师和家长之间教育理念、观点等方面的互换，促进双方在沟通中换位思考，进而使沟通更为和谐顺畅，减少矛盾冲突的发生；另一方面，提供幼儿教师间的分享平台，互相分享家长沟通时的成功经验，为其他幼儿教师提供借鉴，同时也可以分享不愉快的经历，以期得到社会支持，舒缓消极情绪。

其次，根据潜在剖面分析的结果，家园沟通中的幼儿教师情绪劳动存在异质性，依据三种情绪劳动策略的水平形成三种类型，即灵活型、积极调节型和自然表达型。不同类型的组合方式对职业倦怠的影响具有显著差异，在深层表演和自然表达水平均较高的情况下，表层表演不会带来高水平的职业倦怠。因此，园所领导不仅应当关注幼儿教师各情绪劳动策略的水平，同时应当关注幼儿教师情绪劳动的潜在类别。根据本研究结果，努力调节型幼儿教师的职业倦怠水平最高，灵活型、自然表达型的幼儿教师职业倦怠水平最低，幼儿园管理者应当在幼儿教师的管理、培训等环节中，有针对性地提高幼儿教师灵活采取情绪劳动策略的能力，营造积极的组织氛围，增加幼儿教师的积极情绪体验，以期缓解幼儿教师在家园沟通中情绪劳动带来的消极结果。

第八章　家园沟通中幼儿教师情绪劳动内部影响因素

第一节　职业认同对幼儿教师情绪劳动的影响：工作投入的中介作用

一、研究目的

根据预研究深度访谈结果，幼儿教师家园沟通中的情绪劳动的个体内部影响因素中，职业认同的作用最大。本研究在回顾已有研究基础上，根据社会认同理论和工作要求－资源模型，考察职业认同对幼儿教师情绪劳动的影响以及工作投入在二者之间的中介作用。

研究一的深度访谈发现，幼儿教师的职业认同对其是否能够遵守职业规定的积极情绪表达规则及工作情感投入有重要的引导意义。根据社会认同理论（social identity theory），认同对员工在组织中的工作态度和行为都有重要的预测作用（Sluss & Ashforth，2007；Johnson et al.，2012）。职业认同体现了个体价值观与自身从事职业价值观上的一致性，个体职业认同水平越高，越会将自身视为职业群体的一员，越容易表现符合职业要求的情绪，也更愿意接受他们的职业要求和责任，更加积极地实现职业角色目标（Cheng & Guo，2015；Johnson et al.，2012）。教师的职业认同在塑造其从事职业行为时的情绪体验有重要作用，很多研究发现，角色或组织认同与深层表演正相关而与表层表演负相关（Brotheridge & Lee，2003；Mishra，2014；Mishra et al.，2012；唐秀丽，辜应康，2016）。据此，提出如下研究假设：

H8-1：幼儿教师职业认同能够负向预测表层表演；

H8-2：幼儿教师职业认同能够正向预测深层表演；

H8-3：幼儿教师职业认同能够正向预测自然表达。

工作投入的中介作用。目前国内外关于认同理论在情绪劳动研究中的应用极少，只有零星的对组织认同在情绪劳动中的作用研究，尚未有研究深入剖析认同对情绪劳动影响的作用机制。已有研究结果表明，教师职业认同能够显著正向预测工作投入（李岩，2018），而工作投入水平越高的员工，在进行情绪劳动时，更愿意付出努力以获得良好的互动关系，即更多的使用深层表演策略，更少地使用表层表演策略（刘喆，2016）。此外，工作投入水平越高的员工，越容易在服务过程中孕育良好的人际互动关系，体验到更多的积极情绪，意味着带来更多的自然表达。综上，提出如下研究假设：

H8-4：工作投入在幼儿教师职业认同和表层表演之间起中介作用；

H8-5：工作投入在幼儿教师职业认同和深层表演之间起中介作用；

H8-6：工作投入在幼儿教师职业认同和自然表达之间起中介作用。

虽然已有研究探讨过职业认同、工作投入和情绪劳动之间的关系，但仍存在如下不足之处：首先，对于职业认同与情绪劳动关系的研究，多采用横断研究方法，仅能证明变量之间的相关关系，无法解释职业认同和情绪劳动之间的因果关系。其次，在相关研究领域内，缺乏对职业认同和情绪劳动间关系的内在机制的探讨，针对幼儿教师群体的研究则更为少见。

为了更加深入地探究幼儿教师职业认同对情绪劳动的影响及工作投入在二者之间的中介作用，并确定变量之间的因果关系，基于原因变量发生在结果变量之前的时间先后顺序原则（温忠麟，2017），本研究参考前人研究做法（Hülsheger，Lang & Maier，2010），采用交叉滞后研究设计构建结构方程模型，提出四种模型：M1为基线模型，检验幼儿教师的职业认同、工作投入和情绪劳动在三个时间点上的稳定性；M2为理论假设模型，在M1的基础上添加了前一时间点的职业认同到下一时间点的工作投入以及前一时间点的工作投入到下一时间点的情绪劳动；M3为假设模型的竞争模型，在M1的基础上添加了前一时间点的工作投入到下一时间点的职业认同以及前一时间点的情绪劳动到下一时间点的工作投入；M4是包含上述模型中的所有路径的全模型。

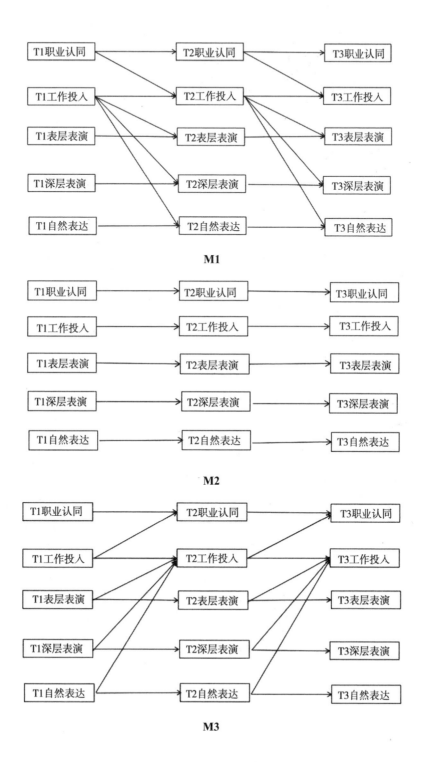

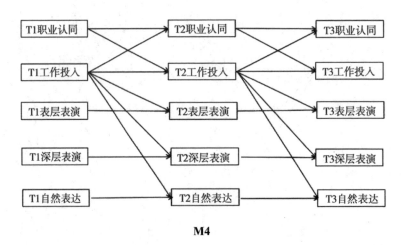

M4

图8–1交叉滞后结构方程模型（M1～M4）

（注：为模型简洁，略去控制变量和同一时间点变量间相关）

二、研究方法

（一）被试

采用方便取样法，选取长春市、公主岭市8所幼儿园404名幼儿教师进行问卷调查。为确定变量之间的因果关系，采用交叉滞后研究设计。选取三个时间点进行问卷测量，时间间隔为三个月。T1、T2、T3时间测量所有变量，包括职业认同、工作投入、情绪智力和情绪劳动。T1时间有效问卷为374份，问卷有效率为92.6%。T2时间与T1时间问卷进行匹配后获得有效问卷为289份，问卷有效率为77.3%。T3时间与T1、T2时间的数据进行匹配后获得有效问卷223份，问卷有效率为77.2%。被试流失原因如下：T1时间为2019年6月，T2时间为2019年9月，T3时间为2019年12月，T2时间在学年初期，民办幼儿园有相当数量的教师离职加之有少量的幼儿教师在调研期间请假（产假、病假），导致了无法避免的数据流失。最终获得223名被试的有效数据，被试基本信息见表8-1。

表8-1　被试基本信息表（ n =223 ）

	分组	n		分组	n
	20周岁及以下	11		5年及以下	124
	21～30周岁	144		6～10年	55
年龄	31～40周岁	53	教龄	5～10年	27
	41～50周岁	13		16～20年	8
	51周岁及以上	3		20年及以上	3
性别	男	0	园所类型	公办	65
	女	223		民办	158
监控情况	有监控	93			
	无监控	130			

（二）研究工具

职业认同。采用胡芳芳和桑青松（2013）编制的幼儿教师职业认同量表，包括14个条目，共"职业认知""职业情感""职业需要""职业意志"四个维度，采用李克特5点评分，从"1=非常不同意"到"5=非常同意"。本研究中内部一致性信度 α =0.88（T1）、 α =0.92（T2）、 α =0.93（T3）。

工作投入。采用Schaufeli 等（2002）编制的工作投入量表，中文版由张轶文和甘怡群（2005）修订，包括"活力"（6个条目）、"奉献"（4个条目）、"专注"（5个条目）三个维度，共15个条目。采用李克特7点评分，从"1=从未"到"7=总是"。内部一致性信度 α =0.92（T1）， α =0.95（T2）、 α =0.93（T3）。

情绪劳动。采用研究二自编的幼儿教师情绪劳动量表进行测量。包括表层表演、深层表演和自然表达三个维度，共10个题项，其中，表层表演包含3项，深层表演包含3项，自然表达包含4项。采用李克特5点评分方式，询问幼儿教师进行情绪劳动的频率，从"1=从不"到"5=总是"。本研究中内部一致性信度 α =0.75～0.77（T1）、 α =0.71～0.72（T2）、 α =0.74～0.84（T3）。

（三）数据处理与分析

采用SPSS23.0进行数据的描述统计、相关分析，采用Amos23.0进行交叉滞后结构方程模型的路径分析。

三、结果分析

（一）测量不变性检验结果

对流失被试和有效被试的年龄、教龄、职业认同、工作投入和情绪劳动进行方差分析，检验测量不变性，结果见表8-2。由表8-2可知，仅完成T1时间测量的被试和有效被试在T1职业认同、T1工作投入、T1表层表演、T1深层表演、T1自然表达上的得分不存在显著差异，此外，仅完成T1、T2时间测量的被试和有效被试在T1和T2职业认同、T1和T2工作投入、T1和T2表层表演、T1和T2深层表演以及T1和T2自然表达的得分上均不存在显著差异，说明本研究中流失被试为非结构性流失，测量结果具有不变性，可以进行下一步交叉滞后分析。

表8-2 流失被试和有效被试在各变量上的差异检验

被试	职业认同 T1	职业认同 T2	职业认同 T3	工作投入 T1	工作投入 T2	工作投入 T3	表层表演 T1	表层表演 T2	表层表演 T3	深层表演 T1	深层表演 T2	深层表演 T3	自然表达 T1	自然表达 T2	自然表达 T3
完成3次 (n=374)	4.51 (0.40)	4.49 (0.44)	4.16 (0.48)	4.46 (0.58)	4.43 (0.54)	4.36 (0.51)	3.13 (1.06)	2.53 (0.90)	2.44 (0.90)	3.67 (0.94)	3.71 (0.90)	4.21 (0.87)	4.34 (0.57)	4.37 (0.57)	4.49 (0.51)
仅完成第1、2次 (n=66)	4.53 (0.35)	4.54 (0.34)	—	4.50 (0.44)	4.46 (0.48)	—	2.97 (1.02)	2.46 (0.91)	—	3.57 (0.94)	3.59 (0.92)	—	4.41 (0.52)	4.37 (0.54)	—
t (df=438)	-0.43	-0.89	—	-0.68	-0.43	—	1.27	0.64	—	1.18	1.42	—	-1.07	0.13	—
仅完成第1次 (n=85)	4.51 0.36	—	—	4.45 0.49	—	—	3.22 1.05	—	—	3.58 0.93	—	—	4.34 0.62	—	—
t (df=457)	-0.02	—	—	0.13	—	—	-0.55	—	—	1.26	—	—	-0.64	—	—

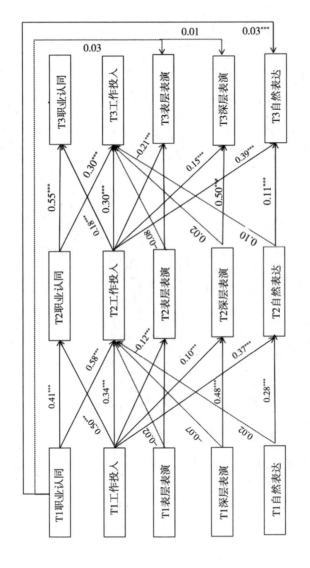

图8-2 交叉滞后模型检验结果

注：为使模型简洁，略去同一时间点各变量的相关；虚线代表路径系数不显著；***$p<0.001$，**$p<0.01$，*$p<0.05$。

（二）各变量描述统计和相关分析

考察各变量的均值、标准差，结果见表8-3，对各变量进行两两相关分析，结果见表8-4。根据相关分析结果显示，三个时间点的职业认同、工作投入、表层表演、深层表演、自然表达之间呈显著的正相关关系，说明幼儿教师的职业认同、工作投入、表层表演、深层表演、自然表达具有一定的跨时间稳定性。此外，T1、T2、T3三个时间点，职业认同、工作投入、各情绪劳动策略的同时性相关和继时性相关均显著，符合进行交叉滞后分析的前提假设。

表8-3 各变量的均值和标准差

	T1（$M\pm$SD）	T2（$M\pm$SD）	T3（$M\pm$SD）	F
职业认同	4.51 ± 0.44	4.49 ± 0.44	4.42 ± 0.48	30.28^{***}（1>3，2>3）
工作投入	4.43 ± 0.54	4.46 ± 0.58	4.34 ± 0.55	10.39^{***}（1>3，2>3）
表层表演	3.13 ± 1.06	2.44 ± 0.89	2.51 ± 0.92	74.19^{***}（1>2，1>3）
深层表演	4.21 ± 0.87	3.67 ± 0.94	3.69 ± 0.95	88.97^{***}（1>2，1>3）
自然表达	4.49 ± 0.51	4.37 ± 0.57	4.31 ± 0.63	15.18^{***}（1>2，1>3）
情绪智力	5.83 ± 0.89	5.90 ± 0.70	5.83 ± 0.74	3.17^*（2>3）

注：$^{***}p<0.001$，$^{**}p<0.01$，$^*p<0.05$。

表8-4　各变量的两两相关系数（n=223）

	1	2	3	4	5	6	7	8	9	10	11	12	13	14	15
1 T1表层表演	–														
2 T1深层表演	0.39***	–													
3 T1自然表达	-0.05	0.10*	–												
4 T1职业认同	-0.13***	0.21***	0.41***	–											
5 T1工作投入	-0.14**	0.10*	0.54***	0.56***	–										
6 T2表层表演	0.28**	0.34***	-0.10*	-0.17***	-0.11***	–									
7 T2深层表演	0.28***	0.56***	0.23***	0.23***	0.13***	0.34***	–								
8 T2自然表达	-0.13*	0.14***	0.48***	0.28***	0.52***	-0.13***	0.16***	–							
9 T2职业认同	-0.12***	0.14***	0.48***	0.68***	0.73***	-0.12***	0.12***	0.36***	–						
10 T2工作投入	0.10***	0.06	0.41***	0.73***	0.65***	-0.16***	0.18***	0.34**	0.55***	–					
11 T3表层表演	0.08	0.44***	-0.12***	-0.16***	-0.12***	0.30***	0.33***	-0.09***	-0.09***	-0.18***	–				
12 T3深层表演	0.47***	0.42***	0.17*	0.23***	0.18***	0.22***	0.49***	0.26***	0.17***	0.20***	0.18***	–			
13 T3自然表达	0.18**	0.14***	0.42***	0.44***	0.38***	-0.17***	0.03	0.31***	0.34***	0.51***	-0.17***	0.22***	–		
14 T3职业认同	-0.10**	0.12***	0.40***	0.63***	0.58***	-0.12***	0.14***	0.36***	0.65***	0.48***	0.04	0.16***	0.35***	–	
15 T3工作投入	-0.08**	0.15**	0.47***	0.49***	0.63***	-0.16***	0.10***	0.39***	0.54***	0.53***	-0.02	0.18***	0.38***	0.71***	–

注：*** p<0.001，** p<0.01，* p<0.05。

（三）幼儿教师职业认同、工作投入和情绪劳动之间的交叉滞后分析

使用极大似然估计法一次检验图8-1中各模型拟合情况，各模型最终拟合指数见表8-5。

表8-5　交叉滞后模型拟合结果（n=223）

Model	χ^2	df	TLI	CFI	RMSEA	$\Delta\chi^2$	Δ df
M1	82.404	14	0.926	0.971	0.103		
M2	99.460	15	0.881	0.957	0.121	5	1
M3	87.700	15	0.945	0.977	0.117	12	0
M4	61.399	12	0.987	0.962	0.082	16	3

由表8-5可知，从模型拟合指数上来看，相对于基准模型M1，M3、M4的模型拟合指数更好，M2的模型拟合指数更差，M4的模型拟合指数优于M3，因此通过竞争模型之间的比较确定M4为最优模型。

依据对三个时间点的职业认同、工作投入和表层表演、深层表演、自然表达的交叉滞后分析可知，T2的工作投入在T1的职业认同和T3的表层表演之间起到中介作用，进一步使用Bootstrap方法考察T2工作投入的中介效应。各变量间路径系数及Bootstrap分析结果见表8-6。由结果可知，T1的职业认同到T3的表层表演总效应显著（95%CI［−0.16，−0.02］），T1的职业认同到T2工作投入再到T3的表层表演间接效应显著（95%CI［−0.19，0.06］），在加入T2工作投入后，T1职业认同对T3表层表演的直接效应不显著（95%CI［−0.02，0.07］），表明T2工作投入在T1职业认同和T3的表层表演间起到完全中介作用。T1的职业认同到T3的深层表演总效应显著（95%CI［0.03，−0.19］），T1的职业认同到T2工作投入再到T3的深层表演间接效应显著（95%CI［0.01，0.16］），在加入T2工作投入后，T1职业认同对T3深层表演的直接效应不显著（95%CI［−0.13，0.16］），表明工作投入在T1的职业认同和T3的深层表演间起到完全中介作用。T1的职业认同到T3的自然表达总效应显著（95%CI［0.25，0.44］），T1的职业认同到T2工作投入再到T3的自然表达间接效应显著（95%CI［0.16，0.28］）。

在加入T2工作投入后，T1职业认同对T3自然表达的直接效应显著（95%CI［0.01，0.24］），表明T2工作投入对T1职业认同和T3的自然表达起到部分中介作用。交叉滞后模型拟合结果见图8-2。

表8-6　各变量间路径系数及Bootstrap分析的标准化效应（$n=223$）

路径	效应值	LL95%CI	UL95%CI
T1职业认同—T2工作投入	0.58***	0.48	0.63
T2工作投入—T3表层表演	−0.21***	−0.34	−0.09
T1职业认同—T3表层表演	0.03	−0.02	0.11
T1职业认同—T2工作投入—T3表层表演	−0.12***	−0.20	−0.05
T2工作投入—T3深层表演	0.15**	0.02	0.28
T1职业认同—T3深层表演	0.01	−0.13	0.16
T1职业认同—T2工作投入-T3深层表演	0.08***	0.01	0.16
T1职业认同—T3自然表达	0.13***	0.01	0.24
T2工作投入—T3自然表达	0.39***	0.27	0.49
T1职业认同—T2工作投入—T3自然表达	0.13***	0.15	0.24

注：***$p<0.001$，**$p<0.01$，*$p<0.05$。

四、讨论

本研究采用交叉滞后的分析方法，考察职业认同对幼儿教师情绪劳动作用的影响及中介机制，结果发现，职业认同对幼儿教师的表层表演有显著的负向预测作用，对幼儿教师的深层表演、自然表达有显著正向预测作用；工作投入在职业认同对表层表演、深层表演的预测作用中起到完全中介作用，在职业认同对自然表达的预测中起到部分中介作用。此外，研究还发现，职业认同和工作投入间存在互惠效应。

（一）职业认同与幼儿教师情绪劳动的关系

本研究结果发现，职业认同能够显著正向预测幼儿教师的深层表演和自然表达、负向预测幼儿教师的表层表演。与已有研究结果类似，如Allen等（2010）的研究发现，顾客导向越强的员工更倾向于使用深层表演来完成情绪要求，Ozcelik（2013）也指出，那些不认同组织目标的员工更容易采用表层表演策略或发生情绪偏离现象。Diefendorff 和 Gosserand（2005）基于控制理论指出，员工感知到的情绪表现与情绪要求之间的差距则会进行情绪调节，采用何种方式则与个人的目标和工作目标的层级有关。幼儿教师的职业认同代表了幼儿教师对自身职业的重要性的评价，代表了幼儿教师将职业规范内化为自身目标的程度，因此，当幼儿教师职业认同水平越高时，越能够从职业规范的角度规范自身的行为表现，越能够从职业价值观的角度出发应对外在的情绪要求，表现出更多的真心实意的情绪劳动策略，即深层表演和自然表达，较少地表现出表层表演策略。

（二）工作投入的中介作用

本研究结果发现，工作投入在幼儿教师的职业认同和情绪劳动策略之间起到中介作用。其中，工作投入能够完全中介职业认同对深层表演、自然表达的预测作用，部分中介职业认同对表层表演的预测作用，说明幼儿教师的职业认同转化成具体的情绪劳动策略需要以幼儿教师的工作投入作为重要实现路径。可以从幼儿教师对资源的分配角度来理解该中介路径，工作投入是与工作相关的充实的精神状态，体现了个体对本质工作的积极主动态度和热爱迷恋程度，工作投入存在短期波动，会受到职业认同的影响，职业认同高的幼儿教师认为自身职业活动具有价值和意义，进而能够激发工作活力和专注程度。同时，幼儿教师做出情绪劳动需要付出资源，虽然从过程的角度出发，深层表演损耗认知资源，表层表演仅调整外部情绪表现，相比较而言，表层表演损耗的资源更少，但从资源的获得角度来看，深层表演由于其情绪表达的真实性，更容易孕育出良好的互动关系，获得资源的补偿，当幼儿教师的工作投入水平高时，更希望通过行为获得有意义和有价值的资源而不是损耗资源，进而表现出更多的深层表演，较少的表层表演。同时，高工作投入的教师充满活力，拥有良好的职业心理健康状态，工作的专注水平和奉献水平更高，更容易体验到较强的积极情感，如幸福、热情、愉悦等，进而自然而然地表现出符合职业要求的情绪，即采用自然表达的情绪劳动策略。

（三）实践启示

依据本研究结果，提供以下几点启示：

首先，幼儿园在招聘时应合理化自身需求，不应将幼儿教师自身的资质作为唯一的考核标准，应将职业认同纳入评估体系中来，保证园所内教师真正将幼儿教育视为自身的使命。同时，在入职后幼儿园也应及时为教师群体提供新入职的职业培训，加强其职业认同感，使教师能够充分认识到自己在幼儿教师行业中的意义和价值，从而进一步增强其工作投入，为后续的工作创造便利条件。此外，幼儿园管理者在招聘幼儿教师时不仅需要考虑应聘者对幼儿教师职业的认同水平，同时可以将情绪智力的水平作为筛选条件，有助于幼儿教师在与幼儿家长互动的过程中，更多的使用真心实意的深层表演情绪劳动策略，幼儿教师使用深层表演策略有助于形成良好的家园共育关系。选聘情绪智力高的幼儿教师不仅能够带来更好的工作结果，同时也对幼儿教师自身的职业健康有积极的影响，如前所述，表层表演容易导致职业倦怠，降低工作满意度，长期使用表层表演的员工的离职意愿更高，这些表层表演带来的消极效应可以通过对幼儿教师招聘时的筛选加以避免。

其次，园所应正确意识到幼儿教师的工作投入是将其职业认同转化为合理情绪劳动的必要途径。幼儿教师在日常工作中的情绪劳动类型既受到其职业认同程度的影响，也受到其工作投入因素的影响。已有研究表明，工作投入可受到绩效指导方针、个体的工作绩效控制感与"人—职匹配"程度的影响（Maslach，Schaufeli & Leiter，2001）。因此，幼儿园可提高幼儿教师的工作自主性，使园所内部的教师们能够在一定程度上参与到绩效考评的工作中来。通过自评或互评的方式，使得教师们有机会获得更高的工作绩效控制感，从而提高其工作投入程度。此外，幼儿园还可以开展教育教学创造性评比活动，尊重教师的自主性，允许其对自己的工作内容进行创造性调整，实现更好的"人—职匹配"程度。这些措施都有助于提高幼儿教师的工作投入程度，有助于帮助其将职业认同转化为情绪劳动过程中更多的深层表演与自然表达，避免他们出现职业倦怠与情绪耗竭。

第二节　职业认同对幼儿教师情绪劳动的影响：情绪智力的调节作用

一、研究目的

本章第一节采用交叉滞后研究设计，验证了职业认同通过工作投入进一步影响家园沟通中幼儿教师的情绪劳动。本研究在其基础上，考察情绪智力在该中介过程中的调节作用。

情绪智力被认为是影响员工情绪劳动的重要能力因素（Johnson & Spector，2007；Austin，Dore & O'Donovan，2008），情绪智力反映了个体感知、分析、调节情绪的能力，情绪智力越高的个体，对人际互动中的情绪的感知、分析、调节等方面的能力越强。具体行为（情绪劳动）受到多方面因素的影响，仅有良好动机（工作投入），而能力不济也无法实现个人行为与职业目标的统一。

O'Connor（2007）认为，职业认同高的教师选择关爱学生，也需要具备在专业边界和组织规定内以正确的方式关爱学生的能力，实际蕴含了教师进行情绪劳动需要具备动机和能力两方面条件的思想。Humphrey等（2015）也指出，虽然员工的认同是情绪劳动的核心影响因素，但高认同的员工在能力水平达不到组织要求的情况下，也可能选择表层表演策略，可见，情绪劳动需要具备意愿和能力两方面因素才得以实现，幼儿教师的工作投入对情绪劳动的影响可能受到情绪智力水平的作用。Brotheridge（2006）的研究对情绪智力和环境要求与情绪劳动策略之间的关系进行了探讨，然而结果并没有发现情绪智力在情境要求和情绪劳动策略之间的调节作用，可能的原因是：员工未将情绪要求内化为自身的行为规范，并非发自内心地想要表现出与符合情绪要求的情绪时，情绪智力并不会起作用。

综上，提出如下研究假设：

H8-7：情绪智力在幼儿教师工作投入和表层表演之间起调节作用，情绪智力越高，工作投入与表层表演的负相关越大；

H8-8：情绪智力在幼儿教师工作投入和表层表演之间起调节作用，情绪智力越高，工作投入与深层表演的正相关越大；

H8-9：情绪智力在幼儿教师工作投入和表层表演之间起调节作用，情绪智力越高，工作投入与自然表达的正相关越大。

本研究假设的理论模型，见图8-3。

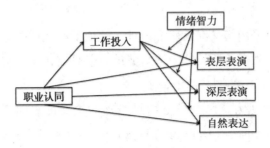

图8-3　理论模型图

二、研究方法

（一）被试

采用方便取样的方式，对吉林省的658名一线幼儿教师进行问卷调查以获取数据，根据Leither（2013）的建议，将作答时间过短（<600s）的问卷进行剔除，同时根据反向计分题、测谎题等删除明显随意作答的问卷。删除无效问卷后，回收606份有效问卷，问卷有效率为92.1%。被试基本信息见表8-7。

表8-7　被试基本信息表（n=606）

	分组	n		分组	n
	20周岁及以下	78		1000~2000元	49
	21~30周岁	267		2001~3000元	207
年龄	31~40周岁	113	薪酬	3001~4000元	183
	41~50周岁	121		4001~5000元	90
	51周岁及以上	27		5001及以上	57
	5年及以下	213	性别	男	0
	6~10年	138		女	606
	11~15年	149	园所类型	公办	324
教龄	16~20年	76		民办	282
	20年及以上	30	监控情况	有监控	237
				无监控	369

（二）研究工具

职业认同。采用胡芳芳和桑青松（2013）编制的幼儿教师职业认同量表，包括14个条目，共"职业认知""职业情感""职业需要""职业意志"四个维度，采用李克特5点评分，从"1=非常不同意"到"5=非常同意"。本研究中内部一致性信度α=0.88。

情绪智力。采用Wong和Law（2002）编制的情绪智力量表（WLEIS）评定幼儿教师的情绪智力。量表由16个条目组成，包含"自我情绪评价""他人情绪评价""情绪使用"和"情绪调节"4个维度，每个维度各4个条目。采用李克特7点评分，从"1=非常不同意"到"7=非常同意"。本研究中内部一致性信度α=0.94。

工作投入。采用Schaufeli等（2002）编制的工作投入量表，中文版由张轶文和甘怡群（2005）修订，包括"活力"（6个条目）"奉献"（4个条目）"专注"（5个条目）三个维度，共15个条目。采用李克特7点评分，从"1=从未"到"7=总是"。内部一致性信度α=0.95。

情绪劳动。采用研究二自编的幼儿教师情绪劳动量表进行测量。包括表层表演、深层表演和自然表达三个维度，共10个题项，其中，表层表演包含3项，深层表演包含3项，自然表达包含4项。采用李克特5点评分，询问幼儿教师进行情绪劳动的频率，从"1=从不"到"5=总是"。本研究中内部一致性信度α=0.74~0.84。

（三）数据分析

采用SPSS23.0进行数据的描述统计、相关分析，采用Amos23.0进行有调节的中介模型检验。

三、结果分析

（一）变量区分效度检验

本研究构建了基准模型和替代模型，采用验证性因子分析的方法以检验研究各变量是否具有良好的区分度，检验结果见表8-8。

表8-8　变量验证性因素分析竞争模型结果（*n*=223）

模型	χ^2	df	CFI	TLI	RMSEA
基准模型	61.399	15	0.945	0.977	0.076
三因素	82.404	14	0.926	0.971	0.103
二因素	99.460	13	0.881	0.957	0.121
一因素	107.700	12	0.887	0.962	0.117

注：基准模型为本研究的四因素模型（职业认同、工作投入、情绪智力、情绪劳动）；三因素模型（职业认同和工作投入合并、情绪智力、情绪劳动）；二因素模型（职业认同和工作投入合并，情绪智力和情绪劳动合并）；单因素模型（所有因素合并）。

由表8-8可见，本研究构建的基准模型各项拟合指标均优于替代模型的拟合指标，说明各变量的意义明确且得到了良好的区分。

（二）各变量的描述统计和相关分析结果

采用相关分析考察本研究各变量的均值、标准差和两两相关关系，结果见8-9，研究一结果显示，年龄、教龄对表层表演、深层表演、自然表达有显著的预测作用，故在相关分析中将年龄、教龄加以控制。变量间相关结果见表8-10。

表8-9　各变量均值、标准差（*n*=223）

	T1（*M*±SD）	T2（*M*±SD）	T3（*M*±SD）	*F*
职业认同	4.51 ± 0.44	4.49 ± 0.44	4.42 ± 0.48	30.28*** （1＞3，2＞3）
工作投入	4.43 ± 0.54	4.46 ± 0.58	4.34 ± 0.55	10.39*** （1＞3，2＞3）
表层表演	3.13 ± 1.06	2.44 ± 0.89	2.51 ± 0.92	74.19*** （1＞2，1＞3）
深层表演	4.21 ± 0.87	3.67 ± 0.94	3.69 ± 0.95	88.97*** （1＞2，1＞3）
自然表达	4.49 ± 0.51	4.37 ± 0.57	4.31 ± 0.63	15.18*** （1＞2，1＞3）
情绪智力	-	5.90 ± 0.70		-

注：***p＜0.001，**p＜0.01，*p＜0.05。

表8-10　各变量的两两相关系数（$n=223$）

	1	2	3	4	5	6	7	8	9	10	11	12	13	14	15	16
1 T1表层表演	—															
2 T1深层表演	0.39***	—														
3 T1自然表达	-0.05	0.10*	—													
4 T1职业认同	-0.13***	0.21**	0.41***	—												
5 T1工作投入	-0.14***	0.10*	0.54***	0.56***	—											
6 T2表层表演	0.28***	0.34***	-0.10***	-0.17***	-0.11	—										
7 T2深层表演	0.28***	0.56***	0.23***	0.23*	0.13***	0.34**	—									
8 T2自然表达	-0.13***	0.14***	0.48***	0.28***	0.52***	-0.13***	0.16***	—								
9 T2职业认同	0.12**	0.14***	0.48***	0.68***	0.73***	-0.12***	0.12***	0.36***	—							
10 T2情绪智力	0.07	0.08	0.44***	0.47***	0.66***	-0.11***	0.13***	0.45***	0.62***	—						
11 T2工作投入	0.10***	0.06	0.41***	0.73***	0.65***	-0.16***	0.18***	0.34***	0.55***	0.45***	—					
12 T3表层表演	0.08	0.44***	-0.12***	-0.16***	-0.12***	0.30***	0.33***	-0.09***	-0.09***	-0.06	-0.18***	—				
13 T3深层表演	0.47***	0.42***	0.17***	0.23***	0.18***	0.22***	0.49***	0.26***	0.17***	0.17***	0.20***	0.18***	—			
14 T3自然表达	0.18**	0.14***	0.42***	0.44***	0.38***	-0.17***	0.03	0.31***	0.34***	0.37***	0.51***	-0.17***	0.22***	—		
15 T3职业认同	-0.10***	0.12***	0.40***	0.63***	0.58***	-0.12***	0.14***	0.36***	0.65***	0.48***	0.48***	0.04	0.16***	0.35***	—	
16 T3工作投入	-0.08***	0.15***	0.47***	0.49***	0.63***	-0.16***	0.10***	0.39***	0.54***	0.51***	0.53***	-0.02	0.18***	0.38***	0.71***	—

注：***$p<0.001$，**$p<0.01$，*$p<0.05$。

（三）有调节的中介模型检验

根据温忠麟和叶宝娟（2014）提出的有调节的中介检验程序，在控制人口统计学变量（年龄、教龄）后，检验工作投入在职业认同和表层表演、深层表演、自然表达之间的中介作用是否受到情绪智力的调节作用。首先考察有调节的中介模型拟合情况，模型拟合结果显示，$\chi^2/df=4.073$，CFI=0.990，TLI=0.927，RMSEA=0.072，SRMR=0.025，各项指标均达到可接受的水平，显示模型拟合良好，可以进行有调节的中介模型检验。

在确立的最优交叉滞后模型的基础上，加入中介变量和调节变量的交互项，进一步采用考察T2时间的情绪智力在T2时间的工作投入和T3时间情绪劳动（表层表演、深层表演、自然表达）之间的调节作用，结果显示，T2时间的工作投入和T2时间的情绪智力的交互项因子对T3时间表层表演（$\beta=-0.12$，$p<0.05$）、T3时间深层表演（$\beta=0.16$，$p<0.01$）的预测作用均显著，但对T3时间自然表达的预测作用不显著（$\beta=-0.05$，$p>0.05$）。

采用简单斜率检验分析情绪智力在工作投入和表层表演、深层表演之间的调节作用。按照情绪智力平均分加减一个标准差将被试分为高情绪智力组（$M+SD$）、低情绪智力组（$M-SD$），采用分组回归的方式考察职业认同与表层表演、深层表演的关系，结果见图8-4、图8-5所示。

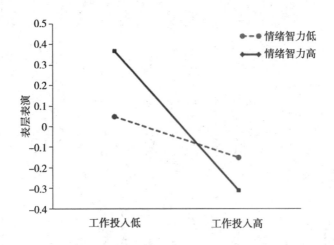

图8-4　情绪智力在工作投入和表层表演间的调节效应

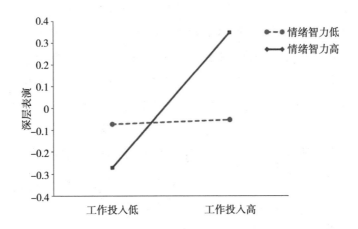

图8-5　情绪智力在工作投入和深层表演间的调节效应

四、讨论

研究结果显示，幼儿教师职业认同能够通过工作投入的中介作用影响其情绪劳动，本研究在其基础上，纳入情绪智力作为调节变量，构建了有调节的中介模型。结果发现，情绪智力调节了工作投入在职业认同和情绪劳动间的中介过程，具体而言，情绪智力高的幼儿教师，工作投入对表层表演的负向预测作用越大，工作投入对深层表演和自然表达的正向预测作用越大。研究结果对深化幼儿教师情绪劳动影响机制的相关研究，以及对幼儿教师情绪劳动的干预具有一定的启示作用。

（一）情绪智力在工作投入和幼儿教师情绪劳动间的调节作用

虽然已有研究开始关注员工的认同（如职业认同、组织认同）对情绪劳动的影响，但是对已有研究进行对比可以发现，不同研究中认同对情绪劳动策略影响的方向和效应量大小有较大差异（Grandey et al.，2010），提示二者间可能存在调节变量。Humphrey等人（2015）也指出，认同是员工做出情绪劳动策略的重要影响因素，而员工使用何种情绪劳动策略则受到员工的工作经验、情绪劳动能力的影响。

本研究引入情绪智力考察其在幼儿教师工作投入和情绪劳动策略间的调节作用，结果发现，情绪智力能够调节工作投入和表层表演、深层表演间的关系，作为个人资源的情绪智力能够增强工作投入对深层表演的正向预测作用，同时，情绪智力能够增强工作投入对表层表演的负向预测作用，与已有研究结果一致，如Karim和Weisz（2011）和Yin（2015）的研究结果均显示，情绪智力能够调节教师对情绪工作要求感知和情绪劳动之间的关系。研究结论也支持了人类发展的保护因子—保护因子模型（protective-protective model）的主要观点，即一种保护因子（如工作投入）能够增强另一种保护因子的作用（Fergus & Zimmerman，2005），说明工作投入是幼儿教师合理采用情绪劳动的重要保护因子，情绪智力作为另一种保护因子能够增强其对深层表演的正向作用及对表层表演的负向作用。

（二）实践启示

依据本研究结果，可以为幼儿园管理实践提供启示。家园沟通是幼儿教师工作的重要组成部分，幼儿教师与家长之间的良好沟通有助于提升家园共育质量。本研究结果说明，家园沟通情境下，情绪智力是促进幼儿教师工作动机转化为"真心实意"的情绪劳动策略的重要推力，那么，在幼儿教师的选拔过程中，可以考虑将情绪智力作为选拔标准之一。同样，幼儿教师的相关培训部门、幼儿园管理者应当重视对在职幼儿教师情绪智力的提升与促进，根据Corcoran和Tormey（2012）的建议，可以将情绪智力纳入职前教师教育项目当中，并作为教师专业标准的重要内容。还有研究发现，情绪智力能够通过干预方案（如结构式团体心理辅导方案）加以促进（张曼华等，2015）。此外，结合预研究的深度访谈结果，工作经验丰富的幼儿教师灵活调节自身情绪的能力更强，幼儿园可以让经验丰富的老教师与年轻教师搭配协同工作，由经验丰富的幼儿教师担任主班教师。McCance等（2013）的研究发现，社会分享有助于提升员工情绪劳动中的应对能力，幼儿园管理者可以定期组织开展工作经验分享等活动，有助于增加幼儿教师与家长沟通过程中的学习经验，增加幼儿教师面对家长时的自信，提升情绪应对能力。情绪智力的提升不仅有助于幼儿教师在家园沟通中更多地采取真心实意的情绪劳动策略，也有助于缓冲幼儿教师由于情绪劳动所产生的负性结果（Karim & Weise，2011），可见，提升幼儿教师的情绪智力有益于幼儿园管理实践和幼儿教师的职业健康。

第九章　家园沟通中幼儿教师情绪劳动的外部影响因素研究

第一节　家长无礼行为对幼儿教师情绪劳动的影响：自尊的中介作用和调节焦点的调节作用

一、研究目的

本研究旨在：①考察家长无礼行为对幼儿教师情绪劳动的作用；②探究家长无礼行为对幼儿教师情绪劳动作用中可能存在的内在作用机制和边界条件，最终构建并验证有调节的中介模型。以下将对已有的实证研究进行梳理，为理论模型的建构提供基础。

通过研究一的深度访谈可以发现，幼儿教师在家园沟通中，经常会遭遇到家长的无礼对待（如对幼儿教师的辛勤工作无反馈、对园所工作的不配合、不理解等）。当前，我国幼儿教师的受尊重程度还有待于提升，在很多家长的观念里，幼儿教师的专业性不强，也有人干脆认为幼儿教师的职责是"看孩子"，很多家长面对幼儿教师时会表现出不尊重、不礼貌的行为，且这种现象在民办幼儿园更为常见。这类现象可以归为无礼行为，这些无礼行为会给幼儿教师带来心理压力，引发负性情绪的增加，导致幼儿教师的情绪体验和展示规则之间的差距增大，需要幼儿教师进行情绪劳动。在这种情况下，幼儿教师为了使其情绪表现符合教师的职业身份、符合园所对其情绪表达的要求，需要消耗更多的情绪资源，进而可能给自身带来情绪耗竭、工作满意度降低等不良后果。已有研究结果表明，顾客无礼行为可以被看作是指向员工的更为普遍的消极行为的来源（van Jaarsveld，Walker & Skarlicki，2010），鉴于幼儿教师在工作中不可避免地遭遇到来自家长的无礼对待而引发大量情绪劳动的现状，探索家长无礼行为如何影响幼儿教师情绪劳动并探索相应的缓冲机制则具有重要的实践意义。

然而，在已有的情绪劳动研究中，虽然有不少研究关注了顾客无礼行为这一重要影响因素，但更多的研究是将关注点放在了顾客无礼行为对工作远端结果变量，如工作满意度、员工健康等的影响上（Sliter et al.，2010；Miner，Settles & Pratt–Hyatt，2012），而顾客无礼行为对情绪劳动影响的内在作用机制的相关研究则不多。为解决已有研究中的不足，本研究的目的是将基于社会计量理论和调节焦点理论，考察家长无礼行为对幼儿教师情绪劳动的影响的内在机制和边界条件。

家长无礼行为。工作场所中的虐待（mistreatment）的相关研究中涉及多个相关概念，如无礼行为、欺负行为、轻视等（Rayner & Hoel，1997；Yagil，2008；Yoo，2013）等。虽然无礼行为与这些概念的内涵有所交叉，但也存在其独特性（Hershcovis，2011）。无礼行为是一种特殊形式的低强度的工作场所的疏离，对其对象并没有明显的意图，与侵犯行为不同，侵犯行为是有明显意图的。霸凌是指员工在一段时间内重复性地暴露在他人的消极行为中。与其他虐待行为的类型不同，无礼行为的意图更轻微、更为间接，但是无礼行为又更为普遍、常见，这些特征导致通常被认为无礼行为是无害的，对其关注较少，相关研究更为少见。然而，有学者指出，工作场所的无礼行为的发生频率可能高达71%～100%，远远高于其他类型的虐待行为的发生频率（Sliter et al.，2012）。早期的工作场所辱虐行为研究者曾指出，同事之间的无礼行为会给员工的幸福感产生持续的消极影响（Lazarus & Folkman，1984），新近的研究更加关注来自服务对象的无礼行为，尤其是随着服务行业工作量的大幅增加（Totterdell & Holman，2003）。已有研究发现，顾客无礼行为能够通过表层表演正向预测情绪耗竭（Hur，Rhee & Ahn，2015），根据Dormann 和 Zapf（2004）的观点，顾客服务是员工获得情绪资源的重要机会，同时也可能给员工带来情绪资源的损耗。

根据情感事件理论，工作情境中的事件会引发员工产生相应的情绪反应（Weiss & Cropanzano，1996）。员工在面对顾客的无礼行为后会产生负面的情绪体验，比如委屈、生气、厌烦家长、担心害怕等（谢礼珊、李健仪、张春林，2011）。在面对家长时，园所通常会要求幼儿教师展现积极情绪，如微笑服务，以提高沟通质量，促进家园共育。在这样一对矛盾的关系下，幼儿教师将感受到明显的情绪失调，需要付出更多的努力调整、控制自己的情绪。根据资源保存理论，个体由维持、保护和获得资源的动机，同时会把实际或潜在的有价值的资源的流失当作是威胁（Hobfoll，1989）。家长无礼行为带来的负面效应显然增加了幼儿教师情绪资源的流失，由于深层表演需要消耗认知、动机资源，损耗的资源更大（Zapf，2002）。在资源流失的情况下，幼儿教师可能更倾向于选择资源损耗较少的表层表演策略，同时，家长无礼行为会导致幼儿教师负性情绪的增加，引发情绪失调，使幼儿教师难以做出自然表达。据此，本研究提出如下研究假设：

H9-1：家长无礼行为正向预测幼儿教师的表层表演；

H9-2：家长无礼行为负向预测幼儿教师的深层表演；

H9-3：家长无礼行为负向预测幼儿教师的自然表达。

自尊的中介作用。根据自尊的社会计量器理论，自尊本质上是人际关系的心理计量器，它监控着个体人际关系的质量，并激发个体付诸行动以维持被接纳的状态（Leary & Baumeister，2000）。当社会计量器检测到暗含较低或较高的关系价值线索时，不仅能激起个体的积极或消极情感，同样能引发个体的自我评价的过程，进而引起自尊水平的变化。当面对家长的无礼行为时，幼儿教师会产生负面的情绪，同时发生的自我评价过程导致了自尊水平的下降。根据资源保存理论，自尊是个体对自身意义和价值的总体评价，是一种重要的个体资源。当个体的自尊资源流失时，会采取措施来减少资源的进一步投入，表现出投入更少资源的行为（Hobfoll，1998），因此，当幼儿教师面对家长无礼行为而引发自尊水平下降时，会倾向于选择资源损耗更小的表层表演策略而非深层表演。同时，由于自尊水平的变化，会引发消极情感，消极情绪的产生导致幼儿教师无法做出自然表达。综上，本研究认为，自尊在家长无礼行为和幼儿教师的情绪劳动之间起中介作用，提出如下假设：

H9-4：自尊在家长无礼行为和表层表演之间起中介作用；

H9-5：自尊在家长无礼行为和深层表演之间起中介作用；

H9-6：自尊在家长无礼行为和自然表达之间起中介作用。

调节焦点的调节作用。调节焦点理论认为，个体存在促进型和防御型两种不同的自我调节倾向，即促进焦点（promotion focus）与防御焦点（prevention focus）。Higgins等（1998）的研究发现，促进焦点水平高的个体会更关注愿景、期望与获得，对积极结果更敏感，表现出更多的对自我的追求；防御焦点高的个体更加关注职责、责任和失去，对消极结果更敏感，表现出更多的对规则的追求。因此，高促进焦点的幼儿教师在面对家长的无礼行为时，更容易将家长的无礼行为视为挑战性因素，对自尊影响的效应更小，而高防御焦点的幼儿教师在面对家长无礼行为时会体验到更大的压力，自尊水平降低加剧。据此，提出如下研究假设：

假设H9-7：促进焦点在家长无礼行为与自尊之间起调节作用，促进焦点越高，自尊和表层表演间的负向相关越小；

假设H9-8：防御焦点在家长无礼行为与自尊之间起调节作用，防御焦点越高，自尊和表层表演间的负向相关越大。

综上，本研究认为，家长无礼行为能够通过自尊的中介作用进而影响幼儿教师的情绪劳动，调节焦点在家长无礼行为和自尊之间起到调节作用，最终提出一个家长无礼行为对幼儿教师情绪劳动影响的有调节的中介模型（见图9-1）。

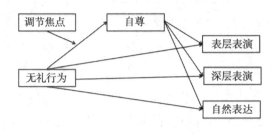

图9-1　理论模型图

二、研究方法

（一）研究样本与程序

采用方便取样的方式，在吉林省长春市、公主岭市选取527名一线幼儿教师为被试。根据Leither（2013）的建议，将作答时间过短（<600s）的问卷进行剔除，同时根据反向计分题、测谎题等删除明显随意作答的问卷。最终回收有效问卷513份，问卷有效率为97.34%。被试的人口学变量信息见表9-1。

表9-1　被试基本信息表（n=513）

	分组	n		分组	n
年龄	20周岁及以下	15	薪酬	1001～2000元	66
	21～30周岁	270		2001～3000元	182
	31～40周岁	153		3001～4000元	179
	41～50周岁	29		4001元及以上	86
	51周岁及以上	18	性别	男	0
教龄	1年及以下	56		女	509
	1～5年	175	园所类型	公办	195
	6～10年	143		民办	314
	11～15年	62	监控情况	有监控	211
	16年及以上	59		无监控	298

（二）研究工具

自尊。采用Rosenberg（1965）编制的自尊量表（self-esteem scale，SES），共10个题项，采用4级评分，从"1=非常不符合"到"4=非常符合"。本研究中，量表内部一致性系数为α=0.84。

调节焦点。采用Zhou等（2012）编制的调节焦点量表，该量表有7个题项，2个维度。促进焦点有4个题项，防御焦点有3个题项，采用李克特5点评分法，从"1=非常不同意"到"5=非常同意"。本研究中防御焦点内部一致性信度α=0.75，促进焦点内部一致性信度α=0.76。

情绪劳动。采用研究一自编的幼儿教师情绪劳动量表进行测量。包括表层表演、深层表演和自然表达三个维度，共10个题项，其中，表层表演包含3项，深层表演包含3项，自然表达包含4项。采用李克特5点评分方式，询问幼儿教师进行情绪劳动的频率，从"1=从不"到"5=总是"。本研究中，量表的内部一致性信度α=0.71～0.77。

家长无礼行为。采用Sliter等（2012）开发的顾客无礼行为问卷，将问卷中的项目进行简单修订以适用幼儿教师工作情境。共8个题项，采用李克特5点评分，从"1=非常不同意"到"5=非常同意"。该问卷由一名英语翻译专业教师和两名心理学专家翻译成中文，随后进行小组讨论，小组成员包括三名心理学专家和五名心理学博士研究生，确保每道题目语言表达的准确性和情境适用性。随后由研究者本人根据质性访谈的结果将题目进行修订以适合于我国幼儿教师群体，请五名一线幼儿教师对各项目表述进行讨论并提供修改意见，最终由研究者本人进行汇总，形成家长无礼行为问卷。在正式测量之前，对404名幼儿教师进行测量，用于家长无礼行为问卷的适用性检验，将作答时间过短和作答一致性过高的问卷视为无效问卷，删除无效问卷后最终得到367份有效数据，问卷有效率为90.84%。修订的单维度问卷建立在前期质性访谈基础上，结合一线幼儿教师意见，在原有问卷基础上增加1个项目，共包含9个项目，计分方式采用李克特5点评分。修订后的问卷总的内部一致性信度α=0.82。采用Mplus7.0数据进行验证性因素分析，模型拟合指数为χ^2/df=7.33，TLI=0.89，CFI=0.92，RMSEA=0.11。根据Hu和Bentler（1999）提出的标准，χ^2/df的值在5以下，表示模型可以接受，RMSEA的取值应当小于0.8，CFI、TLI的值在0.9以上表示模型拟合优良，依次删除因子负荷值小于0.6的项目，最终删除项目1、2再次进行模型拟合，χ^2/df=2.44，TLI=0.98，CFI=0.99，RMSEA=0.05。最终，修订的家长无礼行为问卷的模型拟合指数良好，具有很好的结构效度，可以用于测量家长的无礼行为（各项目因子负荷见表9-2）。

表9-2　家长无礼行为各项目因子负荷（ $n=367$ ）

项目	表述	因子负荷
1	面对你的热情接待，家长的反应冷漠或平淡	0.68
2	家长对你提出无礼的或过分的要求	0.73
3	你对孩子用心付出，家长没有表示感谢	0.67
4	孩子出现一点小问题，家长不分青红皂白来质问你	0.82
5	家长要求你对自家孩子特殊关照或对待	0.65
6	在你下班的时间，家长反复询问孩子的事情	0.63
7	沟通孩子的问题时，家长对你传达的教育理念不感兴趣	0.64

（三）数据处理与分析

采用SPSS23.0进行数据的描述统计和相关分析，采用Amos23.0进行有调节的中介效应模型检验。

三、结果分析

（一）共同方法偏差与变量区分效度检验

本研究采用横断研究的方法，在同一时间点收集数据，并且三份量表均由被试自评，可能存在共同方法偏差，参照已有研究做法（周浩、龙立荣，2004），采用Harman单因子检验法（harman's one factor test）考察本研究的共同方法偏差，结果表明，共提取了8个特征值大于1的公因子，且第一个公因子解释的变异量为32.66%，低于40%的临界标准，解释力不大，说明本研究的结论不存在严重的共同方法偏差。同时，本研究构建了基准模型和替代模型，采用验证性因子分析的方法以检验研究各变量是否具有良好的区分度，检验结果见表9-3。由结果可知，本研究构建的基准模型各项拟合指标均优于替代模型的拟合指标，说明各变量的意义明确且得到了良好的区分。

表9-3　变量验证性因素分析竞争模型结果（ n=513 ）

模型	χ^2	df	CFI	TLI	RMSEA	SRMR
基准模型	515.781	259	0.951	0.927	0.068	0.054
三因素	711.226	262	0.839	0.801	0.096	0.073
二因素	759.957	264	0.712	0.672	0.101	0.114
一因素	1046.373	265	0.688	0.633	0.126	0.117

注：基准模型为本研究的四因素模型（家长无礼行为、自尊、调节焦点、情绪劳动）；三因素模型（家长无礼行为和调节焦点合并、自尊、情绪劳动）；二因素模型（家长无礼行为和调节焦点合并，自尊和情绪劳动合并）；单因素模型（所有因素合并）。

（二）各变量的描述统计和相关分析结果

采用相关分析考察本研究各变量的均值、标准差和两两相关关系，前人研究结果显示，年龄、教龄对表层表演、深层表演、自然表达有显著的预测作用，故在相关分析中将年龄、教龄加以控制，相关结果见表9-4。结果显示，家长无礼行为与自然表达显著负相关；自尊与深层表演、自然表达显著正相关；家长无礼行为与自尊显著负相关；促进焦点与表层表演、深层表演、自然表达、自尊显著正相关；防御焦点与家长无礼行为、表层表演显著正相关，与自然表达、自尊显著负相关。

表9-4　各变量均值、标准差和两两相关结果（ n=513 ）

	$M \pm SD$	1	2	3	4	5	6	7
1 家长无礼行为	2.10 ± 0.62	–						
2 自尊	4.10 ± 0.61	−0.19**	–					
3 表层表演	2.58 ± 0.92	0.19**	0.20***	–				
4 深层表演	3.68 ± 0.94	0.04	0.02	0.57***	–			
5 自然表达	4.29 ± 0.63	−0.20	0.30***	0.07	0.34***	–		
6 促进焦点	4.16 ± 0.61	−0.11	0.19**	0.06	0.24***	0.21**	–	
7 防御焦点	2.19 ± 0.96	0.23**	−0.10	0.19***	0.04	−0.08	−0.07	–

注： $*p<0.05$ ， $**p<0.01$ ， $***p<0.001$ 。

（三）自尊在家长无礼行为和幼儿教师情绪劳动间的中介效应检验

根据温忠麟和叶宝娟（2014）提出的有调节的中介检验程序，在控制人口统计学变量（年龄、教龄）后，检验自尊在家长无礼行为和表层表演、自然表达之间的中介作用是否受到调节焦点（促进焦点、防御焦点）的调节作用。首先考察有调节的中介模型拟合情况结果显示，$\chi^2/df=1.724$，CFI=0.966，TLI=0.969，RMSEA=0.063，SRMR=0.047，各项指标均达到可接受的水平，显示模型拟合良好。

采用Bootstrap法考察心理资本在组织支持和情绪劳动间的中介效应。检验结果见表9-5。结果显示，在控制了人口统计学变量后，家长无礼行为对自尊的预测作用显著（$\beta=-0.21$，$p<0.01$），自尊对表层表演的负向预测显著（$\beta=-0.16$，$p<0.05$），自尊对深层表演的预测作用不显著（$\beta=-0.03$，$p<0.05$），自尊对自然表达的正向预测显著（$\beta=0.27$，$p<0.001$）。自尊在家长无礼行为和表层表演、自然表达间的中介效应的Bootstrap置信区间不包含零，说明自尊在家长无礼行为和表层表演、自然表达之间起中介作用。同时可以看到，在加入自尊的条件下，家长无礼行为对幼儿教师表层表演和自然表达的直接预测作用仍然显著（Bootstrap置信区间不包含零），说明自尊在家长无礼行为和表层表演、自然表达之间起到部分中介作用。

表9-5　总效应、直接效应、间接效应的Bootstrap检验（Bootstrap=5000）

	效应类型及路径				效应值	Bias-corrected 95%CI	
						LL	UL
总效应	家长无礼行为	→		表层表演	0.20	0.02	0.36
	家长无礼行为	→		深层表演	0.04	−0.11	0.19
	家长无礼行为	→		自然表达	−0.20	−0.34	−0.05
	家长无礼行为	→		自尊	−0.21	−0.39	−0.01
直接效应	家长无礼行为	→		表层表演	0.16	0.01	0.33
	家长无礼行为	→		深层表演	0.04	−0.11	0.21
	家长无礼行为	→		自然表达	−0.15	−0.28	−0.02
间接效应	家长无礼行为	→ 自尊 →		表层表演	0.03	0.01	0.11
	家长无礼行为	→ 自尊 →		深层表演	−0.01	−0.06	0.02
	家长无礼行为	→ 自尊 →		自然表达	−0.06	−0.13	−0.01

　　进一步考察调节焦点在自尊的中介过程第一阶段的调节效应。参考温忠麟，叶宝娟（2014）使用分布分析法的潜调节结构模型法（latent moderated structural equations）来检验调节焦点的调节作用。本研究假设家长无礼行为通过心自尊影响幼儿教师情绪劳动，调节焦点在自尊中介过程的前半段起到调节作用。结果发现，促进焦点与家长无礼行为的乘积项系数不显著（$\beta=0.05$，$p>0.05$），防御焦点与家长无礼行为的乘积项系数显著（$\beta=0.14$，$p<0.05$），95%Bootstrap置信区间［0.05，−0.29］，进一步考察不同防御焦点下，自尊的中介作用。将防御焦点按照平均分减一个标准差、平均分、平均分加一个标准差分为三个水平，估计自尊在家长无礼行为与深层表演、自然表达之间的中介效应值及其95%Bootstrap置信区间，结果见表9–6，有调节的中介模型运行结果见图9-2。

表9-6　不同防御焦点水平下自尊在家长无礼行为与表层表演、自然表达间的中介效应（$n=513$）

结果变量	防御焦点水平	中介效应值	Boot标准误	Bootstrap下限	Bootstrap上限
	$M–SD$	0.052	0.033	0.004	0.137
表层表演	M	0.030	0.020	0.001	0.081
	$M+SD$	0.007	0.021	−0.027	0.064
	$M–SD$	−0.085	0.042	−0.190	−0.012
自然表达	M	−0.048	0.027	−0.115	−0.006
	$M–SD$	−0.011	0.033	−0.082	−0.048

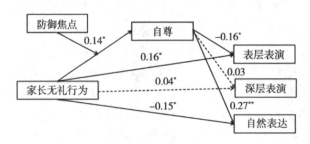

图9–2　有调节的中介模型结果

（注：$*p<0.05$，$**p<0.01$，$***p<0.001$）

　　采用简单斜率检验分析防御焦点在家长无礼行为和自尊之间的调

节作用。按照防御焦点平均分加减一个标准差将被试分为高防御焦点组（*M*+SD）、低防御焦点组（*M*–SD），采用分组回归的方式考察家长无礼行为与自尊之间的关系，结果见图9-3所示：当幼儿教师的防御焦点低时，家长无礼行为对自尊的负向预测作用显著（*simple slope*=–0.177，*t*=–2.98，*p*<0.01），当幼儿教师的防御焦点高时，家长无礼行为对自尊的负向预测作用显著，且预测力更强（*simple slope*=–0.377，*t*=–6.03，*p*<0.001）。相较于低防御焦点的幼儿教师，高防御焦点的幼儿教师在面对高家长无礼行为时自尊水平更低。

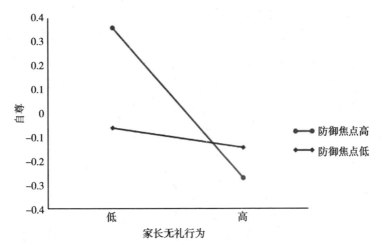

图9-3　防御焦点在家长无礼行为和自尊之间的调节作用

四、讨论

本研究基于社会计量器理论和资源保存理论，构建了家长无礼行为对幼儿教师情绪劳动影响的有调节的中介模型，考察了家长无礼行为对幼儿教师情绪劳动作用的内在机制及边界条件。研究结果表明，家长无礼行为对幼儿教师的表层表演有显著的正向预测作用，对幼儿教师的自然表达有显著负向预测作用；自尊在家长无礼行为对表层表演、自然表达的预测作用中起到部分中介作用；防御焦点对该中介过程具有调节效应，防御焦点高的幼儿教师，感知到的家长无礼行为对自尊的影响更强，防御焦点低的幼儿教师，感知到的家长无礼行为对自尊的影响较弱。研究结果对深化幼儿教师情绪劳动影响机制的相关研究，以及对幼儿教师情绪劳动的干预具有一定的启示作用。

（一）家长无礼行为与幼儿教师情绪劳动的关系

本研究结果发现，家长无礼行为能够正向预测幼儿教师的表层表演，负向预测幼儿教师的自然表达，而对幼儿教师的深层表演则无显著的预测作用。说明在我国文化背景下幼儿教师群体感知到的家长无礼行为能够影响幼儿教师情绪劳动策略的选择。本研究结果与已有研究结果一致，员工感知到的顾客无礼行为水平越高，员工越容易做出表层表演（Rupp & Spencer，2006；Goldberg & Grandey，2007）。

研究结果支持了情感事件理论的观点，工作场所中的消极情绪事件可能带来员工的消极情绪反应，进一步影响其情绪劳动，顾客无礼行为容易导致效果更差、浮于表面的情绪劳动策略。本研究结果说明感知到家长无礼行为水平越高的幼儿教师，越容易以表层表演的策略面对家长。同时，面对家长的无礼行为，幼儿教师需要迅速做出情绪表现等反应来应对，根据Zapf（2002）的观点，表层表演处于灵活水平，在一定程度上不涉及有意识的过程，资源损耗更小，而深层表演处于心智水平，资源损耗更大，由于表层表演能够快速呈现符合要求的情绪表现，因此，面对消极情绪事件，幼儿教师更可能采取表层表演。同时，根据控制理论的观点（Diefendorff & Gosserand，2003），家长无礼行为引发幼儿教师的消极情绪，导致情绪内在体验和外在展示规则间的差距增加，必然导致情绪调节的增加，无法做出自然表达。此外，根据本研究结果可以推测，在面对家长无礼行为时，幼儿教师的表层表演和自然表达很可能是一个连续变量的两端，意味着表层表演和自然表达是相互排斥的策略，有待于未来研究进一步验证。

（二）自尊的中介作用

本研究还进一步考察了家长无礼行为通过自尊对幼儿教师表层表演、深层表演的间接作用，结果显示，自尊在家长无礼行为与表层表演、家长无礼行为与自然表达的关系中起到部分中介作用，研究结果符合自尊的社会计量器理论的观点，即自尊是人际关系的计量器，对人际环境进行监控，获得自身在他人眼中的关系价值的线索，当幼儿教师感知到家长无礼行为时，实际暗含了较低的关系价值线索，能够引发幼儿教师的消极情绪或消极情感，同时引发了幼儿教师的自我评价过程，导致了自尊水平的下降，自尊水平的降低进一步导致了表层表演的增加。可能存在两方面原因：首先，根据资源保存理论，个体都有获取、保存、珍惜自身资源的本能，自尊是一种重要的心理资源，当自尊资源损耗时，个体倾向于在随后的行动中付出更少的资源，以维持资源的最大化，而表层表演由于其仅调整外在情绪表现，相较于深层表演损耗的资源更少（Zapf，2002），因此，感知到家长无礼行为越多时，幼儿教师则表现出更多的表层表演。同时，研究结果也验证了积极情绪的拓展—建构理论，当幼儿教师的自尊水平由于情境因素而下降时，伴随着负性情绪的增加，积极情绪的拓展—建构理论认为，当个体的负性情绪增加时，更倾向于聚焦某种特定的反应（Fredrickson，2001），进而导致表层表演的增加，而负性情绪发生频率的增加则会直接导致自然表达的减少。

（三）防御焦点的调节作用

本研究的另一个重要发现是防御焦点对幼儿教师情绪劳动有显著预测作用，同时防御焦点在家长无礼行为和自尊间起到调节作用，防御焦点高的幼儿教师感知到的无礼行为对自尊的负向预测作用更大（相较于防御焦点低的幼儿教师）。研究结果符合调节定向理论的基本观点，防御焦点反映了个体安全、稳定的需要（Higgins，1998），防御焦点的个体定位于应该自我，其行为策略是通过自我调节来缩小现实状态和与应该状态的差距，因此，高防御焦点的幼儿教师对"犯错误"更敏感，当其感知到家长无礼行为增加时，更多的是认为自身并没有完成工作职责，对自尊的负向作用则更强。

本研究结果也表明，促进焦点对幼儿教师无礼行为和自尊之间的关系并无调节作用，研究一质性访谈的结果发现，当幼儿教师遭遇家长无礼行为时，幼儿教师更多的是考虑自身情绪表现可能带来的不良后果，而非调整内在状态以真实表达情绪（即采取深层表演策略），这可能与幼儿教师对幼儿家长的类属性思维有关，随着工作年限的增加，幼儿教师会根据自身经验对幼儿家长进行分类，面对经常表现出无礼行为的一类家长，幼儿教师更多的感受到的是沟通中的无奈和无力感，因此，促进焦点在幼儿教师感知到的无礼行为和自尊之间不存在调节作用。此外，本研究结果从另一个侧面佐证了促进焦点和防御焦点之间并非"此消彼长"的关系，调节焦点理论认为，促进焦点和防御焦点通过独特的情感、认知和行为过程帮助个体来实现目标，促进焦点和防御焦点是由独立的系统进行管理的（Johnson et al.，2012）。

（四）实践启示

依据本研究得出的结论，家长无礼行为可能通过影响自尊造成幼儿教师情绪劳动中出现更多的表层表演而降低他们的自然表达，这种情绪劳动类型的转变将引起幼儿教师更大的心理资源消耗，从而降低其工作绩效。但这并不意味幼儿教师面对家长无礼行为必然束手无措。本研究得到的几个重要结论，能够在一定程度上为幼儿园提供干预方案，帮助教师面对家长无礼行为时更好地加以应对。

首先，幼儿园应对家长无礼行为现象给予重视，建立完善的应对机制。尽管家长无礼行为并不等同于暴力冲突，会给幼儿园带来直接损失，但其具有较强的渗透性，对幼儿教师的不良影响极强。近年来，社会舆论和家长对幼儿园管理的不信任程度加深。幼儿园不应该一味在教师和家长的冲突中选择对家长妥协退让，应当理性应对家长及教师诉求。幼儿园可尝试建立完善的应对机制，为幼儿教师提供可靠的平台与家长进行沟通，营造良好的园所氛围，为幼儿教师创造良好的工作环境，避免其因不当的情绪劳动造成心理资源耗竭。

其次，幼儿园应积极采取措施提高教师的自尊水平。已有研究发现，许多因素对心理耐挫力的影响是通过自尊而实现的（Kesting et al.，2013）。由于家长无礼行为难以单方面通过园所的管理进行消除，因此，园所应充分发挥其管理优势，逐步提升内部幼儿教师的自尊水平，以缓解家长无礼行为带来的挫折感。具体来说，幼儿园可以为高自尊水平的教师提供绘画训练的方式，使他们有机会宣泄工作中压抑的不良情绪；同时，幼儿园应该为低自尊的教师提供专业化的认知培训方案，如归因训练或认知转换训练等，从而帮助低自尊教师正确应对家长无礼行为对其造成的影响；幼儿园还可以结合园所内部教师的人际关系，以改善关系为目的，间接帮助幼儿教师获得更多的社会支持。上述措施均有利于提高幼儿教师的自尊水平，帮助他们以适当的情绪劳动方式来应对家长的无礼行为，进而缓解心理压力，避免幼儿教师的职业倦怠。

最后，调节焦点水平高的幼儿教师在面对家长无礼行为时对自尊的消极作用更大，据此，园所应建立幼儿教师的工作差异化分配平台，结合教师自身特征，将其与家长的互动进行合理分配。防御焦点低的教师可以更多地负责与家长进行日常沟通的工作，而防御焦点高的教师更多的负责班级内部管理的工作。这样可以让高危教师避免受到更多家长无礼行为带来的风险，进一步激发其对待工作的热情，提升教师的工作满意度。

第二节　组织支持对幼儿教师情绪劳动的影响：心理资本的中介作用和特质感恩的调节作用

一、研究目的

通过深度访谈发现，来自组织的支持对幼儿教师情绪劳动策略的选择产生重要影响，是组织层面最关键的影响因素。本研究的目的是：①考察幼儿教师感知到的组织支持对三种情绪劳动策略的作用；②探究幼儿教师感知到的组织支持对情绪劳动策略作用中可能存在的内在作用机制和边界条件，最终构建并验证幼儿教师感知到的组织支持对情绪劳动影响的有调节的中介模型。以下将对已有的实证研究进行梳理，为理论模型的建构提供基础。

组织支持是指组织肯定员工的贡献和价值以及关心员工福祉的程度（Rhoades & Eisenberger，2002）。已有研究显示，组织支持感能够给员工带来积极影响，感知到的组织支持越多，员工的组织承诺、工作满意度、积极情绪等水平越高（Kurtessis et al.，2017）。根据社会交换理论（social exchange theory），人类的活动会受到可以带来奖赏和回报的活动所支配，员工会根据组织的对待来指导自身行为（Rhoades & Eisenberger，2002），组织支持能够传递给员工被组织和他人关爱、爱护和尊重的信息，员工受到组织的优待（favorable treatment）后会引发社会交换过程，基于回馈信条，对组织产生义务感，努力工作并以实现组织的目标作为对组织的回报（Kurtessis et al.，2017）。换言之，员工感知到的组织支持感水平越高，越会受到更多的激励使之更加自信和乐观，越会投入到具体工作中并努力帮助组织实现目标，获得更好的绩效表现。已有实证研究也发现，支持性因素确实能够影响员工的情绪劳动策略，如颜麒等人（2012）的研究显示，组织支持能够显著正向预测中国华东线导游员的情绪劳动总量，并通过情绪劳动进一步作用于情绪耗竭和工作满意度。Hur、Moon和Jun（2013）的研究也发现，员工的组织支持感能够正向预测其深层表演，负向预测表层表演。据此可以推测，幼儿教师感知到的组织支持越多，越会基于回馈准则，努力工作以实现组织的目标。在与幼儿家长的沟通中，在幼儿园"真心实意关爱幼儿，真诚服务家长"的展示规则基本框架下，幼儿教师愿意付出更多的情绪资源以实现组织的情绪展示要求，继而表现出更多的深层表演和自然表达，更少的表层表演。综合以上理论与实证研究结果，提出如下研究假设。

H9-7：组织支持能够负向预测幼儿教师表层表演；

H9-8：组织支持能够正向预测幼儿教师深层表演；

H9-9：组织支持能够正向预测幼儿教师自然表达。

虽然已有研究关注了组织支持对员工情绪劳动的影响，然而鲜有研究考察组织支持感对员工情绪劳动发挥作用的内在路径。结合已有研究结论和研究一访谈的结果，本研究认为，心理资本可能在组织支持对幼儿教师情绪劳动的影响中起到中介作用。现有理论和实证研究为此间接路径提供了证据，首先，心理资本是指与心理韧性有关的积极的自我评价和个体认为自己有能力成功控制和影响环境的心理信念，由自我效能、希望、乐观和坚韧四个维度组成（Luthans &Youssef，2007）。研究发现，社会支持是构建员工自我效能和韧性的重要来源（Masten & Ann，2001），组织支持和心理资本存在显著的正相关（刘雪梅、陈文磊，2018），据此，组织支持能够显著正向预测心理资本。

更重要的是，心理资本能够进一步影响员工情绪劳动。积极组织行为研究表明，心理资本及其各维度对工作场所行为具有积极作用（Youssef-Morgan & Luthans，2013）。心理资本高的个体具有更高乐观态度、认知灵活性，有助于调整认知和内在情绪体验（Newman et al.，2014），高心理韧性的员工更具创造力，对外界变化更具有适应性，在挫折的情境下更具坚持性（Avey et al.，2011；Combs et al.，2012）。希望能够激发员工的工作动力，提升员工完成工作任务的信心，促使员工在面对工作挫折时寻找解决办法（Snyder，Cheavens & Sympson，1997）。元分析表明，心理资本与员工积极的工作态度（组织承诺、主观幸福感、工作满意度）和工作行为以及更高的工作绩效有显著的正相关关系，同时，心理资本还能够负向预测员工的消极工作态度（犬儒主义、离职意愿、工作压力）和不良工作行为（Avey et al.，2011；Luthans & Youssef-Morgan，2017）。可见，心理资本作为员工重要的个体资源，能够为其进行情绪劳动提供必要的资源保障。表层表演仅涉及对自身外在情绪表现的调整，深层表演涉及员工对自身认知和内在情绪状态的调整，需要动用认知资源，而自然表达由于其情绪体验和外在情绪要求的一致则无须耗费自我调节资源。因此，高心理资本的幼儿教师更有能力也更为愿意采取真实的情绪劳动策略，即深层表演和自然表达，而非表层表演。已有研究显示，心理资本与员工的深层表演和自然表达呈显著正相关，能够负向预测员工的表层表演（Hur，Rhee & Ahn，2016；李晓艳、周二华，2013），此外，相关领域研究结果也发现，来自团队中的支持能够通过提升员工的心理资本来降低员工工作场所中的不良行为（田喜洲、谢晋宇，2010），领导支持、支持性组织氛围能够增加员工心理资本并进一步提升其工作绩效（Liu et al.，2013；Luthans et al.，2007）。综上，本研究认为，心理资本很可能在幼儿教师组织支持感和情绪劳动之间起到了中介作用，进而提出如下研究假设：

H9-10：幼儿教师的心理资本在组织支持感与表层表演间起中介作用；

H9-11：幼儿教师的心理资本在组织支持感与深层表演间起中介作用；

H9-12：幼儿教师的心理资本在组织支持感与自然表达间起中介作用。

来自组织的支持能否转化为员工的心理资本，可能会受到员工特质因素的影响。通过对已有研究的梳理可以推测，特质感恩很可能是影响组织支持感向心理资本转化的重要边界条件。特质感恩是指个体采用感激情绪体验回报他人帮助的行为，并由此衍生出对日常生活心怀感激的积极人格特质（McCullough，Emmons & Tsang，2004）。研究发现，感恩对员工的工作满意度、助人行为和亲社会行为有较强的预测作用（Waters，2012；Algoe，Haidt & Gable，2008），更重要的是，感恩在社会互动过程中能够发挥重要的调节作用，尤其是感恩特质这种稳定的个体差异能够影响员工对恩惠重要性的认知与评估（曾海洋、张剑，2016；Fehr，et al.，2017），受惠者特质感恩水平越高，对组织支持的认知越积极，越能够激发受惠者产生积极的动机和行为，出现"恩泽传递"现象（Nowak & Roch，2007），感恩自带的积极心态能够使员工更容易注意到工作情境中令人感恩的事件，缓冲工作事件引发的负面认知、情感和态度所带来的负面影响（刘军等，2019；Fehr et al.，2017）。因此，我们认为，特质感恩水平高的幼儿教师感知到组织的支持时，能够体验到更多的幸福感，更有利于心理资源的增加。综上，特质感恩水平在幼儿教师的组织支持感和心理资本之间起调节作用，特质感恩水平越高的幼儿教师，组织支持感对心理资本的正向预测作用越大，据此提出如下研究假设。

H9-13：幼儿教师的特质感恩水平在组织支持和心理资本之间起调节作用，具体而言，特质感恩的水平越高，组织支持和心理资本的正向相关越高。

综上所述，本研究认为，组织支持不仅能够通过社会交换路径直接影响幼儿教师情绪劳动，同时也能够通过个体资源路径影响心理资本而进一步间接作用于幼儿教师的情绪劳动。此外，特质感恩对心理资本在组织支持感和情绪劳动的中介过程起到调节作用，最终构建本研究的有调节的中介模型（见图9-4）。

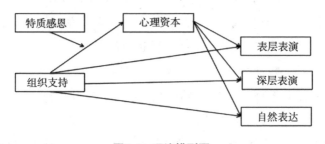

图9-4 理论模型图

二、研究方法

（一）研究样本与程序

采用方便取样的方式，在吉林省长春市、公主岭市、通化县三地选取622名一线幼儿教师为被试，采用横断研究设计进行数据采集。根据Leither（2013）的建议，将作答时间过短（<600s）的问卷进行剔除，同时根据反向计分题、测谎题等删除明显随意作答的问卷。删除无效问卷后，最终得到603份有效问卷，问卷有效率为96.94%。被试的人口学变量信息见表9-7。

表9-7 被试人口学变量信息（n=603）

分组		n	分组		n
年龄	20周岁及以下	20	薪酬	2000元及以下	66
	21～30周岁	297		2001～3000元	158
	31～40周岁	202		3001～4000元	191
	41～50周岁	74		4001元及以上	187
	51周岁及以上	9	性别	男	0
教龄	1年及以下	61		女	603
	1～5年	197	园所类型	公办	240
	6～10年	146		民办	363
	11～15年	67	监控情况	有监控	216
	16年及以上	132		无监控	387

（二）研究工具

组织支持。采用凌文辁、杨海军、方俐洛（2006）编制的组织支持感问卷，问卷由24个条目组成，包含"工作支持""员工价值认同"关心利益"三个维度。采用李克特5点评分，从"1=非常不符合"到"5=非常符合"。分数越高，表明感知到的组织支持水平越高。本研究中内部一致性信度α=0.81。

心理资本。采用由李超平翻译并修订Luthans等（2007）编制的心理资本量表，该量表共包括24个条目，由"希望""乐观""韧性""自我效能感"四个维度构成，每个维度由6个条目组成，采用李克特5点评分，1=非常不符合"到"5=非常符合"。本研究中该量表内部一致性信度 $\alpha=0.83$。

特质感恩。特质感恩的测量采用由魏昶、吴慧婷、孔祥娜和王海涛（2011）翻译的中文版特质感恩量表，该量表翻译自McCullough，Emmons和Tsang（2002）编制的感恩量表，共6个题项，采用李克特7点评分，从"1=非常不符合"到"7=非常符合"。分数越高，表明特质感恩的水平越高。本研究中该量表内部一致性信度 $\alpha=0.89$。

情绪劳动。采用研究二自编的幼儿教师情绪劳动量表进行测量。包括表层表演、深层表演和自然表达三个维度，共10个题项，其中，表层表演3项，深层表演3项，自然表达4项。采用李克特5点评分，询问幼儿教师进行情绪劳动的频率，从"1=从不"到"5=总是"。本研究中该量表内部一致性信度 $\alpha=0.86$。

控制变量。既往研究结果表明，年龄、工作年限等人口统计学变量会影响到员工的情绪劳动（Grandey & Gabriel，2015），因此，本研究将年龄、教龄作为控制变量。

（三）研究过程

在征得幼儿园领导以及一线幼儿教师同意后，与园长协调具体时间，问卷以园所为单位在全园大会前采用集体施测的方式发放，完成时间10～20分钟，待全体教师回答完毕后统一收回。每位教师在拿到问卷时同时可以获得研究者准备的一份小礼品。

采用统计软件SPSS23.0进行数据的描述统计、相关分析，采用统计软件Amos23.0进行中介和调节效应检验。首先，按照参考前人做法（徐世勇，朱金强，2017），通过验证性因子分析检验各变量之间的区分度。其次，采用两步结构方程模型程序，首先评估测量模型，随后通过结构方程模型比较基准模型和备选模型的拟合度，最终确定本研究的最优模型（Anderson & Gerbing，1988）。最后，采用偏差纠正的具有更高统计效力的Bootstrap方法检验中介效应。

三、结果分析

（一）区分度检验

运用Amos23.0对数据进行验证性因素分析，通过模型比较的方法考察各量表的区分效度和聚合效度。首先采用验证性因子分析检验模型当中的4个变量（组织支持、心理资本、特质感恩、情绪劳动），测量之间的区分度。首先，将心理资本和特质感恩合并成一个因子，以此为基础构建不同的嵌套模型，共构建了4个嵌套模型，最终构建了5个模型，分别是：四因子模型（组织支持、特质感恩、心理资本、情绪劳动）、三因子模型（组织支持、特质感恩+心理资本、情绪劳动）、二因子模型（组织支持、特质感恩+心理资本+情绪劳动）、二因子模型（组织支持+特质感恩+心理资本、情绪劳动）和一因子模型（组织支持+特质感恩+心理资本+情绪劳动），将5个模型的拟合指数进行对比，结果见表9-8。

表9-8 验证性因子分析结果（$n=603$）

模型	χ^2/df		RMSEA	CFI	TLI	$\Delta\chi^2$	Δdf
四因子模型	476.709	98	0.081	0.915	0.896		
三因子模型	977.307	101	0.121	0.804	0.767	500.598***	3
二因子模型-1	1139.609	103	0.131	0.768	0.730	662.900***	5
二因子模型-2	1377.976	103	0.145	0.715	0.667	901.267***	5
一因子模型	1659.709	104	0.159	0.652	0.598	1183.000***	6

注：* $p<0.05$，** $p<0.01$，*** $p<0.001$。

根据Hu和Bentler（1999）的标准，RMSE≤0.06，CFI、TLI≥0.95，三因子模型、两个二因子模型和一因子模型的模型拟合指标未达标准，数据与四因子模型的拟合度显著优于嵌套模型且各拟合指标均达到标准，表明本研究所涉及的4个变量在内涵与测量方面具有足够的区分度。

（二）描述统计和相关分析

考察各变量的均值、标准差，对各变量的得分进行两两相关分析，结果见表9-9。结果显示，以上统计结果支持了假设9-7、9-8和9-9，为后续建立模型提供了基础。

表9-9 各变量均值、标准差及两两相关分析结果（n=603）

	M±SD	1	2	3	4	5	6
1 组织支持	4.15 ± 0.61	-					
2 心理资本	5.19 ± 0.72	0.49***	-				
3 表层表演	3.14 ± 1.09	0.16***	0.15***	-			
4 深层表演	4.31 ± 0.80	0.22***	0.28***	0.40***	-		
5 自然表达	4.48 ± 0.61	0.24***	0.37***	0.15***	0.47***	-	
6 特质感恩	6.05 ± 0.84	0.28***	0.33***	-0.05	0.21***	0.31***	-

注：* $p < 0.05$，** $p < 0.01$，*** $p < 0.001$。

（三）幼儿教师在各变量水平上的差异检验

1. 幼儿教师在各变量水平上的年龄差异

根据年龄将被试划分为四组（≤20，21～30，31～40，≥41），对数据进行单因素方差分析，考察不同年龄幼儿教师在组织支持、心理资本、情绪劳动、特质感恩上的差异，结果见表9-10。

表9-10 幼儿教师在各变量上的年龄差异（n=603）

	20岁及以下 M±SD（n=32）	21～30岁 M±SD（n=323）	31～40岁 M±SD（n=172）	41岁及以上 M±SD（n=58）	F
表层表演	4.52 ± 0.51	4，45 ± 0.56	4.56 ± 0.62	4.60 ± 0.48	2.29
深层表演	4.42 ± 0.61	4.28 ± 0.76	4.46 ± 0.68	4.17 ± 1.01	3.02* （2<3，3>4）
自然表达	4.52 ± 0.51	4.45 ± 0.56	4.56 ± 0.61	4.60 ± 0.49	2.23
组织支持	4.08 ± 0.55	4.16 ± 0.56	4.19 ± 0.66	4.28 ± 0.57	0.67
心理资本	4.89 ± 0.93	5.09 ± 0.70	5.28 ± 0.67	5.45 ± 0.54	7.87*** （1<3，1<4，2<3，2<4）
特质感恩	6.14 ± 0.74	6.04 ± 0.81	6.24 ± 0.77	6.21 ± 0.72	2.79* （2<3）

注：* $p < 0.05$，** $p < 0.01$，*** $p < 0.001$。

结果表明，不同年龄的幼儿教师在表层表演、自然表达、组织支持上差异不显著，不同年龄的幼儿教师在深层表演、心理资本、特质感恩得分上差异显著，31～40岁幼儿教师的深层表演得分显著高于21～30岁和41岁及以上幼儿教师的深层表演，31～40岁幼儿教师的心理资本得分显著高于20岁及以下和21～30岁幼儿教师的心理资本，41岁及以上幼儿教师的心理资本得分显著高于20岁及以下和21～30岁幼儿教师的心理资本。

2. 幼儿教师在各变量水平上的园所差异

根据被试所在幼儿园的园所类型将被试划分为两组（公办园，民办园），对数据进行独立样本T检验，考察不同园所类型的幼儿教师在组织支持、心理资本、情绪劳动、特质感恩上的差异，结果见表9-11。

表9-11 幼儿教师在各变量水平上的园所类型差异

	公办园（n=242）	民办园（n=371）	t
	$M \pm SD$	$M \pm SD$	
表层表演	4.51 ± 0.58	4.38 ± 0.59	2.64^{**}
深层表演	4.37 ± 0.80	4.18 ± 0.89	2.83^{**}
自然表达	4.51 ± 0.61	4.34 ± 0.64	3.31^{**}
组织支持	4.17 ± 0.63	4.18 ± 0.56	-0.18
心理资本	5.28 ± 0.62	5.10 ± 0.73	3.26^{**}
特质感恩	6.19 ± 0.76	6.07 ± 0.80	1.70

注：* $p<0.05$，** $p<0.01$，*** $p<0.001$。

结果表明，公办园幼儿教师和民办园幼儿教师在表层表演、深层表演、自然表达、心理资本上差异显著，表现为公办园幼儿教师的表层表演、深层表演、自然表达、心理资本均显著高于民办园幼儿教师。公办园幼儿教师和民办园幼儿教师在感知到的组织支持和特质感恩上的差异不显著。

3. 心理资本在组织支持和情绪劳动之间的中介效应检验

结构方程模型可以有效控制测量误差，同时，通过对替代模型进行比较，寻找最佳拟合指数，确定最优模型（徐世勇，朱金强，2017）。本研究假设中介效应的理论模型为组织支持通过心理资本影响幼儿教师的情绪劳动，替代模型假设没有中介效应，而是组织支持和心理资本直接影响幼儿教师的情绪劳动，对假设模型和替代模型的拟合指标分别进行比较，结果见表9-12。

表9-12　理论模型的拟合指数（$n=603$）

	χ^2	df	RMSEA	CFI	TLI
理论模型	62.033	27	0.050	0.991	0.982
替代模型	123.744	28	0.082	0.973	0.954

　　根据Hu和Bentler（1999）的标准，RMSEA≤0.06，CFI、TLI≥0.95，对各拟合指标与标准值进行比较，结果表明，本研究的理论模型拟合优于替代模型的拟合指标，保留理论模型作为本研究的结构方程模型。根据Anderson和Gerbing（1988）的方法，考察两个模型的卡方值变化显著性，结果发现，理论模型和替代模型的卡方值发生了显著的变化。

　　采用Bootstrap法考察心理资本在组织支持和情绪劳动间的中介效应，结果见表9-12。结果显示，在控制了年龄、教龄后，组织支持对心理资本的标准化总效应显著（95%CI［0.52～0.65］），心理资本对表层表演具有显著的正向预测作用（95%CI［0.03～0.17］），心理资本在组织支持和表层表演之间中介效应显著（95%CI［0.02～0.10］），且在考虑了心理资本的中介效应后，组织支持对表层表演的直接效应显著（95%CI［0.01～0.19］），说明心理资本在组织支持和表层表演之间起部分中介作用。

表9-12　各变量Bootstrap分析的标准化效应（$n=603$）

自变量	因变量	LL95%CI	UL95%CI	β
组织支持	心理资本	0.52	0.65	0.59***
心理资本	表层表演	0.03	0.17	0.10*
组织支持	表层表演	0.01	0.19	0.10*
心理资本	深层表演	0.13	0.26	0.19***
组织支持	深层表演	0.08	0.22	0.15***
心理资本	自然表达	0.27	0.40	0.33**
组织支持	自然表达	0.01	0.16	0.09*

注：* $p<0.05$，** $p<0.01$，*** $p<0.001$。

采用Bootstrap法考察心理资本在组织支持和深层表演的中介效应。结果显示，在控制了年龄、教龄、园所类型的人口统计学变量后，组织支持对心理资本的标准化总效应显著（95%CI［0.52~0.65］），心理资本对深层表演具有显著的正向预测作用（95%CI［0.13~0.26］），心理资本在组织支持和深层表演之间中介效应显著（95%CI［0.07~0.16］），且在考虑了心理资本的中介效应后，组织支持对深层表演的直接效应显著（95%CI［0.08~0.21］），说明心理资本在组织支持和深层表演之间起部分中介作用。

采用Bootstrap法考察心理资本在组织支持和自然表达的中介效应。结果显示，在控制了年龄、教龄、园所类型等人口统计学变量后，组织支持对心理资本的标准化总效应显著（95%CI［0.52~0.65］），心理资本对自然表达具有显著的正向预测作用（95%CI［0.03~0.17］），心理资本在组织支持和自然表达之间中介效应显著（95%CI［0.14~0.23］），且在考虑了心理资本的中介效应后，组织支持对自然表达的直接效应显著（95%CI［0.01~0.16］），说明心理资本在组织支持和自然表达之间起部分中介作用。各变量Bootstrap分析的标准化效应见表9-12所示，理论模型运行结果见图9-5。

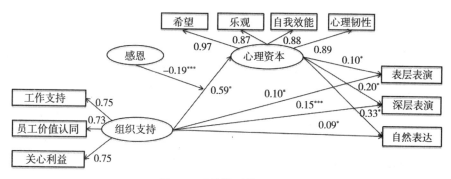

图9-5　理论模型检验结果

（注：* $p<0.05$，** $p<0.01$，*** $p<0.001$）

4.特质感恩的调节效应检验

参考温忠麟，叶宝娟（2014）的研究，使用分布分析法的潜调节结构模型法来检验特质感恩的调节作用。本研究假设组织支持通过心理资本影响情绪劳动，特质感恩在心理资本中介过程的前半段路径起到调节作用。结果发现，特质感恩与组织支持的乘积项系数显著（β=-0.17，$p<0.001$），95%Bootstrap置信区间［-0.22，-0.11］。

　　进一步考察在不同特质感恩水平下，心理资本的中介效应。根据特质感恩平均分减一个标准差、平均分、平均分加一个标准差，将特质感恩分为三个水平，估计心理资本在组织支持与表层表演、深层表演、自然表达间的中介效应值及95%Bootstrap置信区间，结果见表9-13。

表9-13　不同特质感恩水平下心理资本在组织支持和情绪劳动的中介效应（Bootstrap=5000）

结果变量	特质感恩水平	中介效应值	Boot标准误	LL95%CI	UL95%CI
表层表演	M–SD	0.0537	0.0200	0.0153	0.0959
	M	0.0375	0.0140	0.0102	0.0662
	M+SD	0.0212	0.0089	0.0065	0.0417
深层表演	M–SD	0.1243	0.0212	0.0855	0.1687
	M	0.0867	0.0165	0.0575	0.1224
	M+SD	0.0492	0.0147	0.0246	0.0824
自然表达	M–SD	0.1849	0.0216	0.1455	0.2291
	M	0.1290	0.0172	0.0980	0.1651
	M+SD	0.0731	0.0185	0.0408	0.1127

　　采用简单斜率检验分析防御焦点在组织支持和心理资本之间的调节作用。按照特质感恩平均分加减一个标准差将被试分为高特质感恩组（M+SD）、低特质感恩组（M–SD），采用分组回归的方式考察组织支持与心理资本之间的关系，结果见图9-6所示。由结果可知，当幼儿教师的特质感恩水平高时，组织支持对心理资本的正向预测作用显著（simple slope=0.31，t=5.18，$p<0.01$），当幼儿教师的特质感恩水平低时，组织支持对心理资本的正向预测作用显著，且预测力更强（simple slope=0.78，t=16.34，$p<0.001$）。相较于高特质感恩的幼儿教师，低特质感恩的幼儿教师在感受到高组织支持时心理资本更高。此外，采用多元回归的方式进一步考察，在考虑了组织支持的作用后，感恩特质对心理资本的直接效

应，结果发现，感恩特质能够显著正向预测心理资本（β=0.23，p<0.001）。

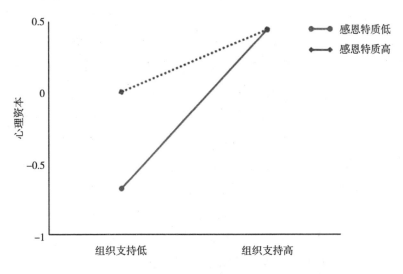

图9-6 调节效应图

四、讨论

本研究基于社会交换理论，构建了组织支持影响幼儿教师情绪劳动的有调节的中介模型，考察了组织支持对幼儿教师情绪劳动作用的内在机制。研究结果表明，组织支持对幼儿教师的表层表演、深层表演和自然表达均有显著的正向预测作用。特质感恩负向调节了心理资本在组织支持和幼儿教师情绪劳动间的中介作用。特质感恩水平低的幼儿教师，感知到的组织支持对心理资本的正向预测作用更强。研究结果对深化幼儿教师情绪劳动影响机制的相关研究，以及对幼儿教师情绪劳动的管理实践干预具有一定启示作用。

（一）组织支持与幼儿教师情绪劳动的关系

本研究结果发现，幼儿教师的组织支持感对其家园沟通中的三种情绪劳动策略均起到显著正向预测作用，说明组织支持感能够带来幼儿教师情绪劳动总量的增加，做出更多符合幼儿教师职业要求或幼儿园组织要求的情绪表现，不符合职业情绪展示规则的情绪偏离减少。结果可以根据社会交换理论来解释，组织支持感的形成基于员工对组织给予自身的积极对待的归因，进而引发社会交换过程，员工认为自身有义务达成组织目标（Kurtessis et al.，2017）。组织支持感可以被视为是一种动机成分（Baran，Shanock & Miller，2012），当幼儿教师感知到更高的组织支持时，激发其以组织期望的方式做出行为，来回馈组织，无论是表层表演还是深层表演均是幼儿教师为了实现组织要求情绪表现的更高层目标而服务的，因此，组织支持感越高的幼儿教师会呈现出三种情绪劳动策略均增加的结果。意味着幼儿教师感知到组织支持后，会增加自身的情绪劳动总量，即更多的进行情绪劳动以符合组织的情绪要求。Beal和Trougakos（2013）曾指出，表层表演和深层表演的目标均是实现组织的情绪展示规则，二者并不是相互独立或非此即彼的关系，而是相互补充，协同作用的关系，可谓"殊途同归"。研究结果也支持了控制理论的观点，即员工不断将自身的情绪表现和情绪展示目标进行比较，积极采取情绪劳动策略（表层表演和深层表演）以减少二者之间的差距（Diefendorff & Gosserand，2003），因此，为减少情绪表现和情绪规则之间的差距，幼儿教师会积极采取两种有意识的情绪劳动策略以展现出积极的外在情绪表现，其更深层次的原因则是幼儿教师感知到组织支持能够激发幼儿教师积极主动与幼儿家长沟通，实现良好园家共育效果的动机，增加了幼儿教师与幼儿家长的沟通频率和强度，外在表现是三种情绪劳动策略的增加。综上，幼儿教师感知到的组织支持能够影响其情绪劳动策略的总量，幼儿教师将作出符合职业要求的情绪表现作为对组织支持的反馈。

值得一提的是，研究假设并没有得到完全的支持，尤其是本研究发现组织支持感能够显著正向预测表层表演，这一结果与已有研究结果不一致，已有研究发现，员工感知到的组织支持能够显著负向预测表层表演（Mishra，2014；Hur et al.，2015），可能的原因在于本研究采用的情绪劳动测量工具的作答方式为频率，已有考察组织支持和情绪劳动关系的研究中采用的测量工具作答方式为程度，测量工具的作答方式导致了结果的不一致。Beal和Trougakos（2013）指出，员工在情绪劳动中，混合使用了两种策略，但作答方式为符合程度则更容易使员工仅回忆起最突出的策略，即被试报告出的策略可能是他认为使用最多的，或者是最有效的，那么，当作答方式为不符合程度时，员工自然而然地会将测量工具的项目理解为是相互排斥的，符合其中某种策略则意味着不符合另外两种策略，导致了已有研究得出组织支持对不同情绪劳动策略的预测方向不一致的结果。

（二）心理资本在组织支持和情绪劳动间的中介作用

本研究结果进一步揭示了组织支持对幼儿教师情绪劳动影响的中介机制。本研究结果显示，幼儿教师的组织支持感能够正向预测心理资本，与已有研究结果一致（Liu et al.，2013；Wu & Nguyen，2019）。说明组织支持作为工作资源能够转化为员工的个体资源，更重要的是，心理资本在组织支持和三种情绪劳动策略之间起到部分中介作用，同时，心理资本能够正向预测三种情绪劳动策略，与已有研究结果一致（Hur et al.，2016）。本研究结果支持了工作要求-资源模型的观点，即心理资本作为一种个体资源能够预测积极结果（Hobfoll，2001），当幼儿教师的心理资本增加时，抵御资源损耗的能力增强，付出资源以应对外在情绪要求的意愿也随之增加，因此，在面对职业情绪要求时，能够投入更多的资源以使自身外在情绪表现符合组织要求，同时，其情绪劳动的总量也在增加，与幼儿家长之间的沟通更为频繁、持续时间更长，表现出更多的情绪劳动。

（三）特质感恩的调节作用

本研究结果表明，特质感恩在组织支持和心理资本之间起到负向调节作用，结果与研究假设不符。特质感恩水平高的幼儿教师感知到的组织支持和心理资本之间的正相关关系减弱，更具体而言，感知到的组织支持能够正向预测心理资本，对于特质感恩水平低的幼儿教师，这种正向预测作用更强，这是本研究发现的有趣之处。可以根据资源保存理论的原则之一"获得悖论"对这一结果进行解释。"获得悖论"认为，在资源损失的情境下，资源的补充和增加会显得尤为重要，对个体也更有价值，为资源已经较少的个体注入新的资源时，对他们实现资源补充和更好的抵御资源损失也更加重要（Hobfoll et al.，2018），类似于"雪中送炭"，说明组织资源应当有针对性地提供给更为需要的个体，意味着可能由于特质感恩主效应的存在，影响了其在组织支持和心理资本之间的调节作用。

（四）实践启示

本研究发现，组织支持通过幼儿教师的心理资本对其情绪劳动策略的使用产生促进作用。幼儿教师感知到的组织支持水平越高，积累的心理资本越多，进而付出的更多。因此，本研究结合上述结论，为幼儿园组织支持管理实践提出如下建议：

首先，幼儿园需尽可能地为幼儿教师提供良好的工作环境，增强教师们整体的组织支持感。当员工的支持感一旦形成，很有可能就会放下包袱，全身心地为组织的利益最大化而努力工作，当幼儿教师感觉到自身得到了组织的支持后，会影响到随后的态度、情感和行为，可见，提高幼儿教师组织支持感对于园所的管理和学前教育质量的多个方面均具有至关重要的意义。以往研究发现，建立完善的民主决策机制与公平的管理机制有助于其提高组织支持感（曾海洋、张剑，2016）。因此，园所领导者应当科学化内部管理体系，实施公开、透明的园所管理模式，有助于幼儿教师增强自身的组织支持感，真正愿意把幼儿园建设当作自身的本职工作。此外，幼儿园可主动提供员工帮助计划，为园所内部教师提供专业指导，使得教师能够感受到组织支持，从而愿意为园所的发展付出自身力量。

其次，幼儿园应采取能够提高幼儿教师群体心理资本的管理措施。随着积极组织研究（positive organizational scholarship）运动的兴起，组织管理研究者越来越关注员工的积极发展，提升员工韧性和耐力，促进员工活力（Cameron & Caza，2004）。组织管理者可通过微干预等方式提升管理者内部心理资本水平，发挥感染效应，促进其团队成员的心理资本提升。此外，已有研究显示，领导风格也能够影响员工的心理资本（Wu & Nguyen，2019），据此，我们建议幼儿园管理者同样应参与到培训中，充分发挥园长的领导效能，使得园所形成"上行下效"的领导者传递效应层级影响。作为园所领导必须保持清醒的认识，避免采取辱虐管理的方式，保持积极的、正向的形象管理，以求增强幼儿教师的心理资本，改善幼儿教师的工作态度。

最后，幼儿园应灵活调整各感恩特质水平教师的培训策略，以"补低为主、削高为辅"为目的设计方案。园所可针对感恩特质较低教师加强支持性措施培训参与，进而提高其组织支持感，用来弥补其工作参与感、回报感不足的问题。这种差异性培训旨在让感恩特质水平较高的幼儿教师放下肩头"过重包袱"，轻装上阵，避免日常工作中用力过猛为自己带来负担，从而导致心理资源耗竭；让特质感恩水平较低的幼儿教师也可以感知到园所对其的关注，进而发挥心理资本的积极作用，提高他们的工作参与热情，促使这一部分的教师也能主动进行家长—教师关系构建，避免因情绪劳动不当而产生的职业倦怠。

第十章　幼儿教师情绪劳动核心影响因素模型构建：基于家园沟通视角

第一节　研究目的

第八章和第九章分别考察了家园沟通中幼儿教师情绪劳动的内部、外部影响因素及中介机制和边界条件。由上述研究结果可知，职业认同、家长无礼行为和组织支持均会对幼儿教师的情绪劳动产生影响。那么，同时考虑不同方面影响因素时，各自的重要性如何？不同方面影响因素之间是否存在互相影响以及是否存在交互作用？为解决上述问题，本研究将在第八章和第九章的基础上，将内部、外部影响因素同时纳入，综合考察其对幼儿教师情绪劳动的影响，最终构建幼儿教师情绪劳动的核心影响因素模型，同时也是对前面两个研究所得结论的再次验证。

首先，工作要求—资源模型认为，任何工作的特征都可以被换分为工作要求和工作资源，工作要求和工作资源引发两个不同的过程，增益路径和损耗路径。增益路径是动机过程，由充裕的工作资源引发，通过提高员工的工作投入而产生积极影响（Bakker, Demerouti & Euwema, 2005）。情绪劳动过程的本质是消耗自身资源的过程（Hülsheger & Schewe, 2011），幼儿教师选择何种情绪劳动策略则与自身资源的数量有关。职业认同可以视为幼儿教师进行情绪劳动的重要个体资源，可以起到与工作资源类似的作用，对工作投入有直接的积极影响，而工作投入是一种旺盛的动机状态，能够继而影响幼儿教师的情绪劳动。Humphrey 等人（2015）也指出，社会认同是个体的情感基础，个体倾向于做出与内在认同一致的外在行为表现。因此，本研究将职业认同作为构建幼儿教师情绪劳动影响因素模型的逻辑起点，即幼儿教师通过工作投入影响情绪劳动。

其次，家长无礼行为可以被视为是工作要求，幼儿教师面对家长无礼行为，更容易引发情绪失调，增加情绪表现和情绪体验之间的差距，要求幼儿教师付出更多的情绪调节资源以表现出符合职业要求的情绪。根据工作要求–资源模型中的"应对"假设，当工作要求的水平高时，员工才能够更好地将工作资源转化为高水平的工作绩效，在高工作要求下，员工会调用已有的工作资源完成工作目标，以获取更多的新资源（Bakker，2010），因此，在工作要求水平较高的情况下，工作资源对动机的影响尤为显著，也就是说，工作要求能够正向调节工作资源对动机的正向预测作用，因此，本研究认为家长无礼行为的工作要求能够在职业认同和工作投入之间起到正向的调节作用。

最后，资源保存理论指出，个体具有保存、获取、维持自身认为有价值的资源的本能，资源的损耗会引发压力（Hobfoll，1989）。组织支持是工作情境中的重要资源，当幼儿教师基于职业认同的驱动诱发了较高的工作投入水平时，组织支持可以作为幼儿教师能够获得的资源，缓冲幼儿教师由于工作投入损耗资源带来的压力。据此，本研究认为，组织支持在工作投入和情绪劳动之间起到正向调节作用。

综上，本研究将幼儿教师的职业认同作为激发其进行情绪劳动的逻辑起点，依据工作要求–资源模型和资源保存理论，提出如下研究假设模型图10-1（为模型简洁，未单独显示三种情绪劳动策略）。

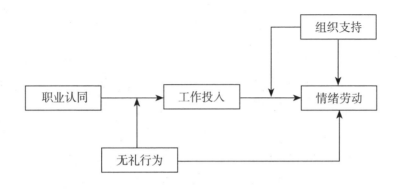

图10-1　幼儿教师情绪劳动核心影响因素模型

第二节　研究方法

一、被试

本研究依托教育部幼儿园园长培训中心，采用方便取样法，共向3248名一线幼儿教师发放网络版问卷，按照被试的作答时间和正、反向表述题的一致性等标准进行问卷筛选，最终获得有效数据2822份，问卷有效率为86.9%。被试的人口统计学基本信息见表10-1。

表10-1　被试基本信息表（*n*=2822）

分组		*n*	分组		*n*
年龄	20周岁及以下	115	薪酬	1000元及以下	13
	21~30周岁	1223		1001~2000元	352
	31~40周岁	895		2001~3000元	848
	41~50周岁	495		3001~4000元	740
	51周岁及以上	91		4001元及以上	869
教龄	1年及以下	291	性别	男	48
	1~5年	859		女	2774
	6~10年	640	园所类型	公办	2135
	11~15年	327		民办	687
	16年及以上	702	监控情况	有监控	1598
				无监控	1224

二、研究工具

家长无礼行为。采用修订的Sliter等（2012）开发的顾客无礼行为问卷，共7题，使用李克特5点计分，从"1=非常不同意"到"5=非常同意"。本研究中内部一致性信度*a*=0.82。

职业认同。采用胡芳芳和桑青松（2013）编制的幼儿教师职业认同量表，包括14个题项，包括"职业认知""职业情感""职业需要""职业意志"四个维度，采用李克特5点计分，从"1=非常不同意"到"5=非常同意"。本研究中内部一致性信度$\alpha=0.88$。

组织支持。采用凌文轻，杨海军，方俐洛（2006）编制的组织支持感问卷，问卷由24个条目组成，包含"工作支持""员工价值认同"关心利益"三个维度。采用李克特5点评分，从"1=非常不符合"到"5=非常符合"。分数越高，表明感知到的组织支持水平越高。本研究中内部一致性信度$\alpha=0.88$。

工作投入。采用Schaufeli 等（2002）编制的工作投入量表，中文版由张轶文和甘怡群（2005）修订，包括"活力""奉献""专注"三个维度，共15个条目。采用李克特7点评分，从"1=从未"到"7=总是"。本研究中内部一致性信度$\alpha=0.92$。

情绪劳动。采用研究二自编的幼儿教师情绪劳动量表进行测量。包括"表层表演""深层表演"和"自然表达"三个维度，共10个条目。采用李克特5点评分方式，从"1=从不"到"5=总是"。本研究中内部一致性信度$\alpha=0.72 \sim 0.77$。

三、实施过程与统计处理

依托教育部幼儿园园长培训中心，与全国23所幼儿园园长取得联系。向所有园长说明调研目的，由园长对所在幼儿园的一线教师进行在线的问卷发放，幼儿教师作答完毕后提交。采用SPSS23.0对变量进行描述统计与相关分析，采用Amos23.0进行结构方程模型检验。

第三节　结果分析

一、共同方法偏差

本研究采用横断研究的方法，在同一时间点收集数据，并且三份量表均由被试自评，可能存在共同方法偏差，参照已有研究做法（周浩，龙立荣，2004），采用Harman 单因子检验法（harman's one factor test）考察本研究的共同方法偏差，结果表明，共提取了8个特征值大于1 的公因子，且第一个公因子解释的变异量为27.50%，低于40%的临界标准，解释力不大，说明本研究的结论不存在严重的共同方法偏差。

二、描述统计和相关分析

考察各变量的均值、标准差，对各变量的得分进行两两相关分析，结果见表10-2。

表10-2　各变量间的相关系数（$n=2822$）

	$M \pm SD$	1	2	3	4	5	6	7
1表层表演	2.92 ± 0.93	–						
2深层表演	4.39 ± 0.65	0.33***	–					
3自然表达	4.45 ± 0.49	–0.12***	0.23***	–				
4无礼行为	2.79 ± 0.61	0.14***	0.17***	–0.26***	–			
5职业认同	4.38 ± 0.44	–0.06	0.23***	0.41***	–0.31***	–		
6组织支持	3.89 ± 0.58	–0.10***	0.23***	0.29***	–0.26***	0.52***	–	
7工作投入	4.26 ± 0.62	–0.18***	0.08***	0.41***	–0.31***	0.73***	0.47***	–

注：*$p<0.05$，**$p<0.01$，***$p<0.001$。

相关分析结果表明，在控制年龄后，家长无礼行为、幼儿教师的职业认同、工作投入、组织支持、自然表达两两变量间均呈显著正相关，表层表演与家长无礼行为、工作投入、深层表演间均呈显著正相关，深层表演与自然表达、职业认同、组织支持和工作投入间均呈显著正相关，结果为后续建立模型提供了基础。

三、假设模型检验

采用结构方程模型对本研究的理论假设模型进行检验。参考方杰和温忠麟（2018）有调节的中介模型检验程序，首先建立不带有调节项的基准模型是否成立，随后加入乘积项判断有调节的中介模型是否成立，最后采用Bootstrap法进行分析，如果95%CI不包括0，则说明有调节的中介效应显著。基准模型拟合指数见表10-3，由结果可知基准模型拟合指数良好，可以进入随后的有调节的中介效应模型分析。

表10-3 基准模型拟合指数（ $n=2822$ ）

	χ^2/df	CFI	TLI	RMSEA	SRMR
基准模型	5.131	0.984	0.970	0.084	0.029

在基准模型基础上加入家长无礼行为和职业认同、组织支持和职业认同的乘积项，考察带有调节项的模型是否接受，为了尽量避免变量间多重共线性的影响，将变量进行中心化处理后相乘再进入结构方程模型。分别以表层表演、深层表演和自然表达为因变量建立有调节的中介结构方程模型，各模型拟合指数见表10-4。

表10-4 有调节的中介模型拟合指数（ $n=2822$ ）

χ^2/df	CFI	TLI	RMSEA	SRMR
8.677	0.968	0.890	0.091	0.032

由结果可知，模型拟合结果中 χ^2 值略大，但卡方值容易受到样本量的影响，因此，仍需结合其他模型拟合指标进行综合判断，模型拟合的CFI、TLI和RMSEA、RSMR值均在可接受的范围，表明模型拟合指数可以接受，继续采用Bootstrap法考察有调节的中介效应。进一步采用Bootstrap5000检验有调节的中介效应，结果见表10-5。

表10-5 各变量Bootstrap效应（ $n=2822$ ）

自变量	因变量	效应值	LL95%CI	UL95%CI
职业认同	工作投入	0.728***	0.694	0.764
职业认同*无礼行为	工作投入	0.121**	0.091	0.145
工作投入	表层表演	−0.221**	−0.282	−0.160
组织支持	表层表演	0.172**	0.215	0.336
无礼行为	表层表演	0.249*	0.094	0.201
工作投入*组织支持	表层表演	0.144*	0.095	0.185
组织支持	深层表演	0.121**	0.069	0.181
无礼行为	深层表演	0.045	−0.008	0.095
工作投入*组织支持	深层表演	−0.02	−0.068	0.041

续表

自变量	因变量	效应值	LL95%CI	UL95%CI
工作投入	深层表演	0.150***	0.090	0.199
组织支持	自然表达	0.102**	0.048	0.162
无礼行为	自然表达	−0.137	−0.210	−0.063
工作投入*组织支持	自然表达	−0.053	−0.109	0.008
工作投入	自然表达	0.299**	0.261	0.229

注：*$p<0.05$，**$p<0.01$，***$p<0.001$；*代表两变量交互作用。

由结果可知，职业认同对工作投入的直接效应95%置信区间不包含0，工作投入对表层表演、深层表演、自然表达的直接效应95%置信区间均不包含0，家长无礼行为和职业认同的乘积项对工作投入的直接效应95%置信区间不包含0，工作投入和组织支持的乘积项对表层表演和自然表达的直接效应95%置信区间均不包含0，家长无礼行为对表层表演和自然表达的直接效应95%置信区间均不包含0，组织支持对表层表演、深层表演和自然表达的直接效应95%置信区间均不包含0。

第四节　讨　　论

本研究在第八章和第九章的实践研究基础上，基于工作要求-资源模型和保护因子—保护因子模型，将影响家园沟通中幼儿教师情绪劳动的内部、外部影响因素纳入同一研究框架下，考察各因素对幼儿教师情绪劳动影响的效应大小以及对情绪劳动影响的交互作用。研究结果表明，职业认同能够负向预测幼儿教师的表层表演，正向预测深层表演和自然表达，组织支持对幼儿教师的表层表演、深层表演均有显著的正向预测作用，但对自然表达无预测作用。幼儿教师感知的家长无礼行为正向调节了职业认同对工作投入的影响，组织支持正向调节了幼儿教师工作投入对表层表演的影响。研究结果对深化幼儿教师情绪劳动影响机制的相关研究，以及对幼儿教师情绪劳动的干预具有一定的启示作用。

一、职业认同、家长无礼行为、组织支持对幼儿教师情绪劳动的预测作用

本研究结果再次证实了职业认同和组织支持对幼儿教师情绪劳动的显著预测作用，同时也发现，幼儿教师感知到的家长无礼行为能够正向预测表层表演，负向预测自然表达，而对深层表演则无显著的预测作用，本研究结果与研究二和研究三的结果一致，对上述研究结果进行了再次验证，表明本研究考察的影响因素的作用具有一定的稳定性。上述研究结果在研究二和研究三中已经进行了讨论，在此不再赘述。

本研究将职业认同、家长无礼行为、组织支持同时纳入一个模型框架下，考察内部、外部三个核心影响因素对幼儿教师情绪劳动的作用。结果发现，相较于组织支持、职业认同和工作投入，家长无礼行为对表层表演的预测效应最大。影响深层表演的因素中，工作投入的预测作用最大。影响自然表达的因素中，工作投入预测作用最大，因此，在对表层表演的预测中，家长无礼行为起到主导作用。根据情感事件理论，工作场所的情绪事件能够引发员工情绪体验的变化，进而影响到工作态度与工作相关行为的表现（Weiss & Cropanzano，1996），家长无礼行为作为负性情绪事件，容易诱发幼儿教师的负性情绪。根据Gabriel和Diefendorff（2015）的观点，相较于深层表演，表层表演更快速，能够在更短时间内实现符合职业要求的情绪表现，说明幼儿教师在家园沟通中的表层表演更多受到情绪驱动，为了快速调整情绪表现，幼儿教师面对家长无礼行为时优先选择表层表演来达到职业要求。相较于家长无礼行为和组织支持，工作投入对深层表演和自然表达的预测作用更强，根据工作要求-资源模型，工作投入可视为员工在工作中的动机状态（Lewig et al.，2007），体现了幼儿教师积极的动机状态，意味着工作投入高的幼儿教师具备更多的活力，更愿意在工作中付出资源，表现出更多的深层表演和自然表达的情绪劳动策略。研究结果说明幼儿教师的深层表演和自然表达均更多的受到动机驱动，意味着深层表演有向自然表达转化的可能，有待于未来研究进一步探索。

二、职业认同、家长无礼行为、组织支持对幼儿教师情绪劳动的交互作用

本研究结果发现，家长无礼行为能够正向调节职业认同对幼儿教师工作投入的正向预测作用，该结果符合工作要求-资源模型的"应对假设"，即工作要求在个体资源和动机状态之间起到正向的调节作用，说明职业认同水平高的幼儿教师，在面对更多的家长无礼行为的情境下，能够激发出更多的工作动机，带来更高水平的工作投入。

本研究结果还显示，组织支持能够在工作投入和情绪劳动之间起到正向的调节作用。具体而言，组织支持能够正向调节工作投入对表层表演的负向预测作用，正向调节工作投入对自然表达的正向预测，研究结果符合资源保存理论的基本观点。资源保存理论认为，个体具有维持、获取、避免减少有价值资源的基本需要（Hobfoll，1989），当个体的资源流失时，会带来压力与冲突。幼儿教师进行情绪劳动实际是资源损耗的过程，当幼儿教师处于高工作投入的动机状态时，表层表演水平降低，组织支持提供的工作资源能够补充幼儿教师进行表层表演时损耗的资源，降低资源损耗带来的压力感，进而减少表层表演，增加自然表达。研究结果同样支持了Grandey和Melloy（2017）提出的观点，即情感事件方面的影响因素（如顾客行为）和个体层面因素（如个体的认同、价值观、能力特质等）能够交互作用于员工的情绪劳动。

三、实践启示

基于本研究结果，可以为幼儿园管理实践提供如下几点启示。

首先，家园沟通中，来自服务对象的无礼行为对幼儿教师表层表演的预测作用最大，是幼儿教师表层表演的重要压力来源。为减少幼儿教师在家园沟通中使用"虚情假意"的情绪劳动策略，幼儿园管理者应当采取措施减少家长无礼行为的发生，积极搭建家园沟通的平台，增进幼儿教师与幼儿家长之间沟通，更重要的是，可以通过开展"家长课堂""开放日"等活动，增进幼儿家长对幼儿教师的理解与认可，提升幼儿家长的育儿知

识与能力，减少幼儿家长的无礼行为，构建幼儿教师与家长间的良性沟通氛围。同时，同事之间的信任能够缓冲工作要求带来的资源损耗（Yin et al.，2017），促进园所内部教师之间的沟通与合作，营造良好的园所氛围，也能够在一定程度上缓冲家长无礼行为给幼儿教师带来的负面情绪。

其次，工作动机是幼儿教师使用"真心实意"的情绪劳动策略的重要保护性因素。工作投入的动机状态不仅能够直接促进幼儿教师深层表演和自然表达，还能够使幼儿教师面对来自家长的消极情绪事件时，激发更多的工作动机状态。因此，幼儿园管理者在对幼儿教师的选拔、培养、培训等环节中，应当注重对幼儿教师工作动机的促进与提升。根据工作要求–资源模型，个体资源和工作资源之间能够相互转化，幼儿园管理者可以为幼儿教师提供更多的工作资源，如提升幼儿教师的薪酬待遇、提供必要的组织支持、提供发展晋升平台等，这些工作资源不仅能够直接转化为幼儿教师的个体资源，激发工作动机，同时也能够在工作动机对深层表演和自然表达的促进作用中起到"推波助澜"的作用。

最后，自然表达是幼儿教师家园沟通中最理想的情绪劳动策略，教龄越长的幼儿教师自然表达水平越高。如前所述，深层表演与自然表达均受到动机驱动，随着家园沟通经验的增加，幼儿教师的深层表演很可能会转化为自然表达，正如Humphrey等（2015）指出，员工在无法达到自然而然展现要求情绪时，需要采取有意识的策略，而有意识的策略熟练之后可以实现自然表达。因此，对幼儿教师自身而言，尤其对新手教师来说，应当积极积累家园沟通经验，熟练掌握应对不同家园沟通事件的技巧与能力，最终实现对职业情绪要求的自然表现。

第十一章　幼儿教师情绪劳动实践研究的探讨

作为职业心理研究领域的热点话题，情绪劳动的研究随着相关理论的不断丰富而深入发展。早期研究更多关注的是情绪劳动内涵、测评以及能够给员工和组织带来哪些作用，当前主要集中在影响因素的探索上。自Grandey（2000）提出情绪劳动经典因果模型以来，学者们从互动期望、个体因素、情绪事件和组织因素等方面开展情绪劳动影响因素研究，多数研究关注影响因素对情绪劳动的直接作用，鲜有研究关注内在中介机制和边界条件，难以回答这些影响因素如何以及何时影响员工的情绪劳动。幼儿教师是高情绪劳动职业，幼儿教师在工作中需要遵守一定的情绪感受和展示规则，一方面，幼儿教师在面对幼儿时需要有爱心、耐心地开展教育和保育工作；另一方面，幼儿教师必须与家长进行家园沟通，促进家园共育，提升教育质量，需要对自身情绪体验和表现进行管理，付出大量的情绪劳动。然而，已有研究仅关注了师幼互动中的情绪劳动，忽略了家园沟通情境。

针对上述已有研究的不足之处，本研究以幼儿教师为对象，首先采用质化研究方式，分别从内部和外部探索幼儿教师在家园沟通中的情绪劳动核心影响因素。随后进行幼儿教师情绪劳动的测量研究，对Diefendorff等（2005）经典三维度量表进行修订，使其适用于我国幼儿教师家园沟通中情绪劳动的测量，之后分别考察内部和外部核心影响因素的作用机制和边界条件，最后，基于工作要求–资源模型及相关研究结果，对上述核心影响因素与幼儿教师情绪劳动的关系提出了理论构想，并采用结构方程模型加以检验。研究结果表明，本研究构建的理论模型成立，各因素间关系得到了实证数据支持。因此，在研究的最后部分，综合探讨"家园沟通视角下，幼儿教师情绪劳动受到哪些核心因素的影响"以及"这些核心影响因素如何以及何时对幼儿教师情绪劳动产生影响"，进而为幼儿教师合理进行情绪劳动以及幼儿教师的选拔、培训等工作提出建议。

第一节　家园沟通中幼儿教师情绪劳动的现状

目前关注内在心理过程的情绪劳动测量工具中，Diefendorff（2005）编制的量表得到了最为广泛的应用，也有学者对其进行修订以适用于我国教师和幼儿教师群体（Yin，2015；孙阳，2013），但仍存在着自然表达项目表述不够准确等方面的不足。更重要的是，已有幼儿教师情绪劳动测量工具未考虑家园沟通情境。针对这些不足之处，为形成适用于家园沟通中幼儿教师情绪劳动的测量工具，本研究对Diefendorff（2005）经典三维度量表进行了修订，并应用该量表考察我国幼儿教师在家园沟通中情绪劳动的现状。结果发现，情绪劳动经典三维度结构适用于家园沟通情境中幼儿教师情绪劳动，从整体水平来看，幼儿教师自然表达得分最高，深层表演次之，表层表演得分最低。说明在家园沟通中，真诚展现符合职业要求的情绪是幼儿教师情绪劳动的背景和底色，这与已有师幼互动中幼儿教师情绪劳动研究结果一致（孙阳，2013；尹坚勤，2019）。说明幼儿教师职业涉及关爱伦理（ethic of care），是对其情绪感受的要求，家园沟通中，幼儿教师并非刻板地按照情绪表现要求管理情绪，而是其对职业角色应有情绪的自发实践与表达，更多受到内部动机驱动。此外，研究结果还显示，幼儿教师在家园沟通中也需要作出一定的表层表演和深层表演，说明幼儿教师的情绪劳动虽然具备个人空间，但同时也在社会期望和组织要求的训诫之中（尹弘飙，2013）。

以个体为中心的视角考察幼儿教师在家园沟通中情绪劳动的潜在类型，结果发现存在三种类型：灵活型、努力调节型和自然表达型。本研究结果与已有商业组织服务人员存在差异，主要表现在幼儿教师情绪劳动潜在类型中不存在表层表演型，与已有师幼互动中幼儿教师情绪劳动潜在类型的结果一致（刘丹 等，2018）。说明幼儿教师的情绪展示更注重对内在情绪感受的要求，而商业组织服务人员不关注内在感受，偏重外在情绪表现，认为员工展现出的外在积极情绪表现对工作绩效的作用更大（Diefendorff & Croyle，2008；Moran，Diefendorff & Greguras，2013）。

量表的修订不仅为了解家园沟通中幼儿教师情绪劳动的现状提供测量工具，也为后续的量化研究奠定了基础。

第二节　家园沟通中幼儿教师情绪劳动的影响因素

对幼儿教师群体情绪劳动的影响因素研究较少，尚未有研究探索幼儿教师与家长沟通中的情绪劳动受到哪些因素的影响。已有情绪劳动影响因素主要以商业组织服务人员为被试，相关研究成果可以提供借鉴与启示。在对幼儿教师家园沟通中情绪劳动影响因素的探索中，本研究采用质化与量化研究相结合的方式，首先对幼儿教师进行半结构化访谈，找出幼儿教师在家园沟通中情绪劳动的核心影响因素，随后为考察核心影响因素发挥作用的中介机制和边界条件，进行聚焦性文献回顾，分别对内部和外部核心影响因素构建有调节的中介模型。最后，将内、外部核心影响因素纳入同一研究框架内，考察这些因素对幼儿教师家园沟通中情绪劳动的共同影响，以下分别进行讨论。

一、职业认同是幼儿教师情绪劳动的核心动力来源

第八章从个体内部因素出发，考察了职业认同对幼儿教师情绪劳动影响的中介机制及边界条件，为进一步考察变量之间的因果关系，采用了交叉滞后的研究设计，结果发现职业认同能够通过工作投入影响幼儿教师家园沟通中的情绪劳动策略，具体而言，职业认同能够对幼儿教师表层表演起到抑制作用，对幼儿教师的深层表演和自然表达起促进作用。

目前对于情绪劳动影响因素的理论解释主要依据控制理论。控制理论认为，员工进行情绪劳动实际是对自身情绪进行不断调整和控制的过程，调整和控制的前提是感知到自身情绪表现和展示规则之间的差距（Diefendorff & Gosserand，2003）。具体而言，虽然控制理论指出了员工

进行情绪劳动的前提，但是员工感知到了差距并不一定会实际地采取真心实意的深层表演策略。本研究结果说明，家园沟通中，职业认同是幼儿教师进行情绪劳动的逻辑起点，幼儿教师以理想教师职业形象来设定自身的情绪展示标准，幼儿教师对情绪进行管理的实质是对职业认同的实践，符合控制理论的观点。职业认同既包含了幼儿教师情绪展示标准，也体现了幼儿教师展现适宜情绪的内在动机，职业认同不仅能够塑造幼儿教师在工作中体验到的情绪，正向预测自然表达，负向预测表层表演，同时也能够通过动机路径即工作投入促进幼儿教师进行深层表演。据此，本研究结果采用量化研究方法再次验证了职业认同对幼儿教师情绪劳动的影响，同时进一步引入工作要求–资源模型，考察了职业认同对情绪劳动影响的内在作用机制，拓展了对情绪劳动影响因素的理论解释。

二、家长无礼行为是幼儿教师情绪劳动的主要压力来源

第八章考察了幼儿教师家园沟通中的内部核心影响因素及其中介机制和边界条件，从外部核心影响因素出发，基于已有理论和相关实证研究，基于社会计量理论和调节焦点理论，考察了家长无礼行为对幼儿教师情绪劳动的中介机制和边界条件，结果发现，家长无礼行为能够通过降低幼儿教师的自尊水平进而对表层表演起促进作用，对自然表达起抑制作用，对深层表演无显著预测作用。自Grandey（2000）提出情绪劳动经典因果模型以来，来自服务对象的消极行为被认为是影响员工情绪劳动的重要外部情境因素，开展了大量研究。已有研究更多以情感事件理论作为基础，从情绪机制解释服务对象消极行为对员工情绪劳动影响的内在机理。本研究结果说明，幼儿教师在家园沟通中，来自家长的无礼行为能够通过自我评价机制进而影响自身情绪劳动策略的选择。

根据自尊的社会计量器理论，低价值反馈能够影响个体的自尊水平，带来自尊的波动（Weiss & Cropanzano，1996），自尊是个体对自身价值的整体评价，是自身效能感的体验（张林，邓小平，2010）。Amarnani等（2019）指出，来自服务对象的消极行为作为低价值反馈能够对服务员工的自尊产生威胁。作为一种重要的个体资源，自尊水平的下降意味着个体

资源的流失，为减少资源在短期内进一步流失，幼儿教师倾向于采取表层表演策略。此外，已有研究也显示，人际关系强度能够对情绪劳动过程产生作用（Chi & Chen，2019），本研究结果进一步说明，家园沟通中，幼儿教师和家长往往形成长期、稳定、互动频繁的人际关系，与商业组织服务人员与顾客之间短暂、单次的互动关系不同。由于家长和幼儿教师之间存在长期、稳定的人际关系，家长的无礼行为不仅能够激发情绪机制，还能够促进认知评价机制。

本研究还发现，家园沟通中，家长无礼行为对幼儿教师自尊的负向预测作用还受到幼儿教师个体差异的影响，对于防御焦点高的幼儿教师而言，家长的无礼行为对自尊的损耗作用更强。调节焦点理论认为，防御焦点个体的调节目标主要是为了满足安全需要，与保护、免受伤害和责任等相关。面对家长的无礼行为时，防御焦点高的幼儿教师更关注资源如何能够不流失，由于该注意偏好，家长无礼行为这种负性反馈对防御焦点高的幼儿教师而言对其自尊的威胁作用更大。第九章第一节拓展了对服务对象消极行为如何作用于幼儿教师情绪劳动的理论解释。

三、组织支持是幼儿教师情绪劳动的重要资源保障

第九章第二节同样聚焦外部影响因素，考察组织支持对幼儿教师家园沟通中情绪劳动影响的内在机制和边界条件。结果发现，组织支持能够促进幼儿教师表层表演、深层表演和自然表达，对自然表达的促进作用最强。本研究结果与以往研究结果不尽一致，主要体现在幼儿教师感知到的组织支持能够显著正向预测三种情绪劳动策略，意味着幼儿教师感知到的组织支持后，会增加自身的情绪劳动总量，即更多的进行情绪劳动以符合组织的情绪要求，研究结果支持了社会交换理论的观点，即员工倾向于以组织对待自身的方式来回馈组织（Aselage & Eisenberger，2003）。Beal 和 Trougakos（2013）认为，表层表演和深层表演的目标均是实现组织的情绪展示规则，二者并不是相互独立或非此即彼的关系，而是相互补充，协同作用的关系，可谓"殊途同归"，说明在得到外部支持后，增强了幼儿教师展现符合职业要求情绪的动机，采用多种情绪劳动策略以更为积极主动

地表现出符合职业要求的情绪。

研究结果也支持了控制理论的观点，即员工不断将自身的情绪表现和情绪展示目标进行比较，积极采取情绪劳动策略（表层表演和深层表演）以减少二者之间的差距（Diefendorff & Gosserand，2003）。因此，为减少情绪表现和情绪规则之间的差距，幼儿教师会积极采取三种情绪劳动策略以展现出积极的外在情绪表现，其更深层次的原因则是幼儿教师感知到组织支持能够激发幼儿教师积极主动与幼儿家长沟通，实现良好园家共育效果的动机，增加了幼儿教师与幼儿家长的沟通频率和强度，外在表现是三种情绪劳动策略的增加，Diefendorff等（2005）的研究也发现员工对展示规则的认同能够正向预测表层表演和深层表演。综上，可以推测，幼儿教师感知到的组织支持能够影响其情绪劳动的总量，幼儿教师是将作出更多符合职业要求的情绪表现作为对组织支持的反馈。

四、核心影响因素对幼儿教师情绪劳动的共同作用

本研究从不同角度、不同方面考察了影响因素对幼儿教师情绪劳动的作用。根据自我损耗理论（Schmeichel et al.，2006），情绪劳动过程中需要消耗心理资源，各影响因素对情绪劳动的作用过程可以看作是资源的流向过程。根据Grandey和 Melloy（2017）的观点，内、外部影响因素间存在着互动，共同作用于幼儿教师情绪劳动。遵循这种思想，第十章基于工作要求–资源模型，将职业认同、工作投入、家长无礼行为、组织支持同时纳入一个研究框架下，考察四者对幼儿教师情绪劳动的共同作用，依据工作要求–资源模型中的"应对假设"和"缓冲假设"，构建了有调节的中介模型。研究结果发现，相较于家长无礼行为、职业认同和组织支持，家长无礼行为对表层表演的预测效应最大；对深层表演的影响中，工作投入的预测作用最大；影响自然表达的因素中，工作投入预测作用最大。说明在对表层表演的预测中，家长无礼行为起到主导作用，在对深层表演和自然表达的促进中，职业认同和工作投入起到主导作用。在影响深层表演和自然表达的因素中，工作投入的预测作用最大，表明工作投入对于幼儿教师采取"真心实意"的情绪劳动策略而言具有更为重要的影响力。工作投入体

现了幼儿教师积极的动机状态，意味着工作投入高的幼儿教师具备更多的活力，更愿意在工作中付出资源，表现出更多的深层表演和自然表达的情绪劳动策略。

此外，研究结果同样支持了工作要求–资源模型的"应对假设"和"缓冲假设"。首先，幼儿教师感知到的家长无礼行为能够正向调节职业认同对工作投入的正向预测作用，幼儿教师感知到的家长无礼行为水平越高，职业认同对工作投入的促进作用越大，说明在高工作要求下，幼儿教师能够更为充分地投入工作，调用已有的工作资源完成工作目标，从而获取更多的新资源。其次，幼儿教师的组织支持感能够正向调节工作投入对表层表演的负向预测作用，组织支持感水平越高，工作投入对表层表演的负向预测作用越大，同时，组织支持感能够对工作投入和自然表达的正向相关起到"推波助澜"的促进作用，组织支持感越高，幼儿教师工作投入对自然表达的正向预测作用越大，这些结果均说明组织支持作为工作资源能够缓冲甚至补偿由于工作投入导致的资源损耗。

至此，本研究基于工作要求–资源模型、社会计量理论和社会交换理论等多个理论视角，考察了家园沟通情境中，内部和外部核心影响因素对幼儿教师情绪劳动作用的中介机制，揭示了各核心影响因素如何对幼儿教师情绪劳动产生作用。同时，基于保护因子–保护因子模型、调节焦点理论，考察了内、外部核心影响因素对幼儿教师情绪劳动作用过程中的边界条件。更重要的是，基于工作要求–资源模型，构建了幼儿教师家园沟通中情绪劳动的影响因素模型，拓展了对幼儿教师情绪劳动影响因素的理论认识。

第三节　促进幼儿教师在家园沟通中合理进行情绪劳动的实践启示

家园沟通已经成为幼儿教师情绪劳动的主要情境，幼儿教师在其中付出大量的情绪劳动。在家园沟通中，幼儿教师合理进行情绪劳动有利于幼儿教师自身的职业健康，更有助于提升家园沟通质量，促进家园共育效果。鉴于家园沟通中幼儿教师情绪劳动影响因素的重要价值，本研究首次开展了家园沟通视角下幼儿教师情绪劳动影响因素研究，分别从内部、外部影响因素为切入点，考察了幼儿教师在家园沟通中情绪劳动的核心影响因素，并分别探讨了内、外部影响因素作用的中介机制和边界条件，最后，依据工作要求–资源模型，构建了家园沟通中幼儿教师情绪劳动的影响因素模型。综合本研究结果，为促进幼儿教师合理进行情绪劳动提出如下几点建议。

一、优化展示规则，引导幼儿教师合理进行情绪劳动

家园沟通中，在职业和组织展示规则的要求下，幼儿教师需要调用情绪资源呈现出良好的情绪状态，营造良好的沟通氛围，更具体而言，需要展现积极的情绪表现，避免表现消极情绪。由于受到职业展示规则约束，幼儿教师在与家长沟通中，需要调整自身的情绪体验或表现以符合要求，损耗了自身的情绪资源。鉴于不同的展示规则呈现形式能够带来不同的结果，幼儿园管理者在制定情绪展示规则相关规定时，可以更多地使用积极展示规则的方式，如"今天你微笑了吗"，避免使用消极展示规则，如"面对家长，不要有负面情绪"，积极展示规则能够将幼儿教师的注意资源引入到积极情绪方面，以鼓励幼儿教师在家园沟通中更多地感受和表现积极情绪。

二、多措并举，大力促进幼儿教师合理进行情绪劳动

首先，在影响幼儿教师情绪劳动的因素中，职业认同能够从认知和情感层面激发幼儿教师展现符合职业要求情绪的内在动力，增加幼儿教师的工作投入，这将促使其内化职业工作要求，将职业目标、组织目标与个人目标合而为一，实现员工深层表演主动化、自然表达常态化的目标，幼儿园管理者可以通过对幼儿教师的选拔、培养、培训等环节提升其职业认同水平，使幼儿教师深刻认识到职业的价值与意义，在工作中给予幼儿教师及时反馈，提升幼儿教师工作的内在动机。

其次，幼儿教师采用"真心实意"的情绪劳动策略，不仅需要具备意

愿，也需要具备相关能力将意愿转化为实际的情绪劳动过程。情绪智力能够为幼儿教师做出深层表演提供能力支持，帮助幼儿教师努力体验符合职业要求的情绪。因此，在对幼儿教师进行选拔时，也可以将情绪智力水平作为聘任的参考指标。同时，由于情绪智力是可发展的能力，可通过干预措施进行有效的促进（刘云艳，陈希，2016），在对幼儿教师的培训过程中，可以纳入情绪智力相关课程，帮助幼儿教师加深对情绪以及情绪劳动的理解，使幼儿教师明确不同情绪劳动策略可能带来的结果，使其能够在家园沟通中做出合理决策。

再次，家长无礼行为在影响幼儿教师情绪劳动中占据重要的角色，是幼儿教师采取表层表演的直接压力来源，同时也会降低幼儿教师的自尊水平。据此，幼儿园管理者应当重视来自家长的压力源，建立健全家园沟通机制，促进和谐有效的家园沟通。幼儿园管理者可以积极摸索对家长行为的引导和管理的方式，建立家园沟通机制，如开办家长课堂、举办家园共育活动，设置家长开放日等，让家长和幼儿教师在活动中增进了解，提升幼儿教师和家长双方的观点采择能力，消解幼儿教师和家长之间的教育分歧，促进和谐有效沟通。需要注意的是，特质性防御焦点高的个体在面对负性情绪事件时自我损耗的程度更大。

最后，为幼儿教师提供必要的组织支持，提高幼儿教师心理资本。家园沟通中的情绪劳动对幼儿教师而言是个体心理资源的损耗，组织支持能够转化为幼儿教师内在心理资本，不仅能够促进幼儿教师采取真心实意的情绪劳动策略，也能够缓冲表层表演带来的消极结果。幼儿园管理者有必要肯定幼儿教师的工作价值，公平对待每位教师，对符合职业展示规则的幼儿教师给予奖励，这些支持性的因素能够增强幼儿教师的心理资本，积累其情绪资源，帮助幼儿教师更好地应对职业展示规则的要求。

综上所述，通过对家园沟通中幼儿教师情绪劳动影响因素的研究，可以得出，幼儿教师在家园沟通中付出着大量的情绪劳动，目的是提升家园沟通效果，最终实现幼儿身心健康发展的高层次目标，体现了幼儿教师职业中的关爱伦理，更体现了幼儿教师队伍对本职工作的一份热爱与坚持。在与幼儿家长沟通的过程中，由于沟通双方存在教育知识、理念、注意偏好等差异，幼儿教师不可避免地会遇到来自家长的负面情绪事件，学前教育相关部门、幼儿园管理者要擅于搭建家园沟通平台，营造良好的沟通氛围，努力整合内部、外部资源激发幼儿教师情绪劳动的内在动力，扎实做好幼儿教师日常情绪管理工作，保护幼儿教师珍贵的情绪资源，真正实现幼儿教师"真心实意"地表现积极情绪。

参考文献

[1] Adams G. A. & Webster J. R. Emotional regulation as a mediator between interpersonal mistreatment and distress [J]. European Journal of Work & Organizational Psychology, 2013, 22 (6): 697-710.

[2] Allen J. A., Pugh S. D., Grandey A. A. & Groth M. Following display rules in good or bad faith? : customer orientation as a moderator of the display rule-emotional labor relationship [J]. Human Performance, 2010, 23 (2): 101-115.

[3] Algoe S. B., Haidt J. & Gable, S. L. Beyond reciprocity: gratitude and relationships in everyday life. Emotion, 2008, 8 (3): 425-429.

[4] Anderson J. C. & Gerbing, D. W. Structural equation modeling in practice: A review and recommended two-step approach [J]. Psychological Bulletin, 1988, 103 (3): 411-423.

[5] Amarnani R. K., Bordia P. & Restubog S. L. D. Beyond tit-for-tat: Theorizing divergent employee reactions to customer mistreatment [J]. Group and Organization Management, 2019, 44 (4): 687-717.

[6] Ashforth B. E. & Humphrey R. H. Emotional labor in service roles: The influence of identity [J]. Academy of Management Review, 1993, 18 (1): 88-115.

[7] Aselage J. & Eisenberger R. Perceived organizational support and psychological contracts: a theoretical integration [J]. Journal of Organizational Behavior, 2003, 24 (5): 491-509.

[8] Austin E. J., Dore T. C. P. & O'Donovan, K. M. Associations of personality

and emotional intelligence with display rule perceptions and emotional labour[J]. Personality & Individual Differences, 2008, 44(3): 679-688.

[9] Avey J. B., Reichard R. J., Luthans F. & Mhatre K. H. Meta-analysis of the impact of positive psychological capital on employee attitudes, behaviors, and performance[J]. Human Resource Development Quarterly, 2011, 22 (2): 127-152.

[10] Arvey R. D., Renz G. L. & Watson T. W. Emotionality and job performance: implications for personnel selection[J]. Research in Personnel & Human Resources Management, 1998, 16: 103-147.

[11] Bakker A. B. Engagement and "job crafting": Engaged employees create their own great place to work. Handbook of employee engagement: Perspectives, issues, research and practice. (pp. 229-244). Edward Elgar Publishing, 2010.

[12] Bakker A. B. & Demerouti, E. The job demands-resources model: state of the art[J]. Journal of Managerial Psychology, 2007, 22(3-4): 309-328.

[13] Bakker A. B., Demerouti E. & Euwema M. C. Job resources buffer the impact of job demands on burnout[J]. Journal of Occupational Health Psychology, 2005, 10, 170-180.

[14] Baran B. E., Shanock L. R. & Miller L. R. Advancing organizational support theory into the twenty-first century world of work[J]. Journal of Business and Psychology, 2012, 27(2), 123-147.

[15] Barger P. B. & Grandey A. A. Service with a smile and encounter satisfaction: emotional contagion and appraisal mechanisms[J]. Academy of Management Journal, 2006, 49(6): 1229-1238.

[16] Bargh J. A. & Chartrand T. L. The unbearable automaticity of being[J]. American Psychologist, 1999, 54(7): 462-479.

[17] Bargh J. A., Gollwitzer P. M., Lee-Chai A., Barndollar K. & Trötschel R. The automated will: nonconscious activation and pursuit of behavioral goals[J]. Journal of Personality and Social Psychology, 2001, 81(6):

1014-1027.

[18] Baumeister R. F., Bratslavsky E., Muraven M. & Tice D. M. Ego depletion: is the active self a limited resource? [J]. Journal of Personality and Social Psychology, 1998, 74 (5): 1252-1265.

[19] Baumeister R. F., Vohs K. D. & Tice D. M. The strength model of self-control [J]. Current Directions in Psychological Science, 2007, 16 (6): 351-355.

[20] Beal D. & Trougakos J. Episodic intrapersonal emotion regulation: Or, dealing with life as it happens. Emotional labor in the 21st century: Diverse perspectives on emotion regulation at work: (pp. 31–55). NewYork: Psychology Press/Routledge, 2013.

[21] Becker W. J., Cropanzano R., Van Wagoner P. & Keplinger K. Emotional labor within teams: Outcomes of individual and peer emotional labor on perceived team support, extra-role behaviors, and Turnover Intentions [J]. Group and Organization Management, 2018, 43 (1): 38-71.

[22] Blanchard-Fields F., Renee S. & Watson T.Y. Age differences in emotion regulation strategies in handling everyday problems [J]. Journal of Gerontology: Psychological Sciences, 2004, 59 (6), 261-269.

[23] Bolton S. C. & Boyd C. Trolley dolly or skilled emotion manager? Moving on from Hochschild's managed heart [J]. Work Employment and Society, 2003, 17 (2), 289-308.

[24] Bolton S. C. Emotion work as human connection: Gendered emotion codes in teaching primary children with emotional and behavioural difficulties. Gendering emotions in organisations (pp. 17-34). London: Palgrave, 2007.

[25] Bonanno G. A., Papa A., Lalande K., Westphal M. & Coifman K. The importance of being flexible: the ability to both enhance and suppress emotional expression predicts long-term adjustment [J]. Psychological Science, 2004, 15 (7): 482-487.

[26] Brotheridge C. M. & Grandey A. A. Emotional labor and burnout:

Comparing two perspectives of "people work." [J]. Journal of Vocational Behavior, 2002, 60 (1): 17-39.

[27] Brotheridge C. M. & Lee R. T. Development and validation of the Emotional Labour Scale [J]. Journal of Occupational and Organizational Psychology, 2003, 76: 365-379.

[28] Brotherigde C. M & Lee R. T. On the dimensionality of emotional labor: Development and validation of an emotional labor scale. In First Conference on Emotions in Organizational Life. San Diego, CA, 1998.

[29] Brown E. L., Horner C. G., Kerr M. M. & Scanlon C. L. United states teachers' emotional labor and professional identities [J]. KEDI Journal of Educational Policy, 2014, 11 (2): 205-225.

[30] Cameron K. S. & Caza A. Contributions to the discipline of positive organizational scholarship [J]. American Behavioral Scientist. 2004, 47 (7): 31-39.

[31] Carstensen L. L., Mikels J. A. At the intersection of emotion and cognition: Aging and the positivity effect [J]. Current Directions in Psychological Science, 2005, 14 (3): 117-121.

[32] Carstensen L. L., Mikels J. A. & Mather M. Aging and the intersection of cognition, motivation, and emotion. Handbook of the psychology of aging (6th edn., pp. 343-362). San Diego, CA: Elsevier, 2006.

[33] Cheng Z. C. & Guo T. C. The formation of social identity and self-identity based on knowledge contribution in virtual communities: an inductive route model [J]. Computers in Human Behavior, 2015, 43: 229-241.

[34] Cheung F. Y. & Tang C. S. Effects of age, gender, and emotional labor strategies on job outcomes: moderated mediation analyses [J]. Applied Psychology Health & Well-being, 2010, 2 (3): 323-339.

[35] Chi N. W. & Chen P. C. Relationship matters: How relational factors moderate the effects of emotional labor on long-term customer outcomes [J]. Journal of Business Research, 2019, 95: 277-291.

[36] Chi N. W., Chen Y. C., Huang T. C. & Chen S. F. Trickle-down effects of positive and negative supervisor behaviors on service performance: The roles of employee emotional labor and perceived supervisor power [J]. Human Performance, 2018, 31 (1): 55-75.

[37] Christoforou P. S. & Ashforth B. E. Revisiting the debate on the relationship between display rules and performance: Considering the explicitness of display rules [J]. Journal of Applied Psychology, 2015, 100 (1): 249-261.

[38] Chu H. L. & Murrmann S. K. Development and validation of the hospitality emotional labor scale [J]. Tourism Management, 2006, 27 (6): 1181-1191.

[39] Cohen D. & Strayer J. Empathy in conduct-disordered and comparison youth [J]. Developmental Psychology, 1996, 32 (6): 988-998.

[40] Combs G. M., Milosevic I., Jeung W. & Griffith, J. Ethnic identity and job attribute preferences: The role of collectivism and psychological capital [J]. Journal of Leadership and Organizational Studies, 2012, 19 (1), 5-16.

[41] Corcoran R. P. & Tormey R. How emotionally intelligent are pre-service teachers? [J].Teaching and Teacher Education, 2012, 28: 750-759.

[42] Cossette M. & Hess U. Emotion regulation strategies among customer service employees: a motivational approach [J]. Research on Emotion in Organizations, 2012, 8: 329-352.

[43] Cossette M. & Hess U. Service with style and smile. how and why employees are performing emotional labour? [J]. European Review of Applied Psychology, 2015, 65 (2): 71-82.

[44] Côté S. A social interaction model of the effects of emotion regulation on work strain [J]. Academy of Management Review, 2005, 30: 509-530.

[45] Côté S., Gyurak A. & Levenson R. W. The ability to regulate emotion is associated with greater well-being, income, and socioeconomic status

[J]. Emotion, 2010, 10 (6): 923-933.

[46] Cukur C. S. The development of the teacher emotional labor scale (tels): validity and reliability [J]. Educational Sciences Theory & Practice, 2009, 9 (2): 559-574.

[47] Dahling J.J. & Perez L.A. Older worker, different actor? Linking age and emotional labor strategies [J]. Personality and Individual Differences, 2010, 48 (5): 574-578.

[48] Deci E. L. & Ryan R. M. The "what" and "why" of goal pursuits: Human needs and the self-determination of behavior [J]. Psychological Inquiry, 2000, 11 (4): 227-268.

[49] Demerouti E., Bakker A. B., Nachreiner F. & Schaufeli W. B. The job demands-resources model of burnout [J]. Journal of Applied Psychology, 2001, 86 (3): 499-512.

[50] Diefendorff J. M. & Croyle M. H. Antecedents of emotional display rule commitment [J]. Human Performance, 2008, 21 (3): 310-332.

[51] Diefendorff J. M., Croyle M. H. & Gosserand R. H. The dimensionality and antecedents of emotional labor strategies [J]. Journal of Vocational Behavior, 2005, 66 (2): 339-357.

[52] Diefendorff J. M., Erickson R. J., Grandey A. A. & Dahling J. J. Emotional display rules as work unit norms: a multilevel analysis of emotional labor among nurses [J]. Journal of Occupational Health Psychology, 2011, 16 (2): 170-186.

[53] Diefendorff J. M. & Gosserand R. Understanding the emotional labor process: A control theory perspective [J]. Journal of Organizational Behavior, 2003, 24 (8): 945-959.

[54] Diefendorff J. M. & Richard E. M. Antecedents and consequences of emotional display rule perceptions [J]. Journal of Applied Psychology, 2003, 88 (2): 284-294.

[55] Diefendorff J. M., Richard E. M. & Croyle M. H. Are emotional display

rules formal job requirements? Examination of employee and supervisor perceptions [J]. Journal of Occupational and Organizational Psychology, 2006, 79 (2): 273-298.

[56] Dormann C. & Zapf D. Customer-related social stressors and burnout [J]. Journal of Occupational Health Psychology, 2004, 9 (1): 61-82.

[57] Eisenberger R., Huntington R., Hutchison S. & Sowa D. Perceived organizational support [J]. Journal of Applied Psychology, 1986, 71 (3): 500-507.

[58] Ekman P. Cross-cultural studies of facial expression: A century of research in review [M]. New York: Academic Press, 1973: 169-222.

[59] Ekman P., Friesen W. V. & O'Sullivan M. Smiles when lying [J]. Journal of Personality and Social Psychology, 1988, 54 (3): 414-420.

[60] Fehr R., Fulmer A., Awtrey E. & Miller J. A. The grateful workplace: A multilevel model of gratitude in organizations [J]. Academy of Management Review, 2017, 42 (2): 361-381.

[61] Fergus S. & Zimmerman M. A. Adolescent resilience: A Framework for understanding healthy development in the face of risk [J]. Annual Review of Public Health, 2005, 26 (1): 399-419.

[62] Festinger L. A theory of cognitive dissonance [J]. Stanford, CA: Stanford University Press, 1957.

[63] Foti R. J., Bray B. C., Thompson N. J. & Allgood, S. F. Know thy self, know thy leader: Contributions of a pattern-oriented approach to examining leader perceptions [J]. Leadership Quarterly, 2012, 23 (4): 702-717.

[64] Fredrickson B. L. The role of positive emotions in positive psychology: The broaden-and-build theory of positive emotions [J]. American Psychologist, 2001, 56 (3): 218-226.

[65] Fu C. S. The effect of emotional labor on job involvement in preschool teachers: Verifying the mediating effect of psychological capital [J].

Turkish Online Journal of Educational Technology, 2015, 14 (3): 145-156.

[66] Fu Y. K. The influence of internal marketing by airlines on customer-oriented behavior: A test of the mediating effect of emotional labor [J]. Journal of Air Transport Management, 2013, 32: 49-57.

[67] Gabriel A. S., Daniels M. A., Diefendorff J. M. & Greguras G. J. Emotional labor actors: a latent profile analysis of emotional labor strategies [J]. Journal of Applied Psychology, 2015, 100 (3): 863-879.

[68] Gabriel A. S. & Diefendorff J. M. Emotional labor dynamics: A momentary approach [J]. Academy of Management Journal, 2015, 58 (6): 1804-1825.

[69] Giardini A. & Frese M. Reducing the negative effects of emotion work in service occupations: emotional competence as a psychological resource [J]. Journal of Occupational Health Psychology, 2006, 11 (1): 63-75.

[70] Gilsa L. V., Zapf D., Ohly S., Trumpold K. & Machowski S. There is more than obeying display rules: service employees' motives for emotion regulation in customer interactions [J]. European Journal of Work and Organizational Psychology, 2013, 23 (6): 884-896.

[71] Glaser B. & Strauss A. L. The discovery of grounded theory: strategies for qualitative research [J]. nursing research, 1968, 17 (4): 377-380.

[72] Glomb T. M. & Tews M. J. Emotional labor: a conceptualization and scale development [J]. Journal of Vocational Behavior, 2004, 64 (1): 1-23.

[73] Goffman E. Presentation of self in everyday life [M]. New York: Doubleday, 1959.

[74] Goldberg L. S. & Grandey A. A. Display rules versus display autonomy: emotion regulation, emotional exhaustion, and task performance in a call center simulation [J]. Journal of Occupational Health Psychology, 2007, 12 (3): 301-318.

[75] Gosserand R. H. & Diefendorff J. M. Emotional display rules and emotional labor: the moderating role of commitment [J]. Journal of

Applied Psychology, 2005, 90 (6): 1256-1264.

[76] Grant A. M. Rocking the boat but keeping it steady: the role of emotion regulation in employee voice [J]. The Academy of Management Journal, 2012, 56 (6): 1703-1723.

[77] Grandey A. A. Emotion regulation in the workplace: A new way to conceptualize emotional labor [J]. Journal of Occupational Health Psychology, 2000, 5 (1): 95-110.

[78] Grandey A. A. When "the show must go on": Surface and deep acting as predictors of emotional exhaustion and service delivery [J]. Academy of Management Journal, 2003, 46 (1): 86-96.

[79] Grandey A. A. Smiling for a wage: What emotional labor teaches us about emotion regulation [J]. Psychological Inquiry: An International Journal for the Advancement of Psychological Theory, 2015, 26 (1): 54-60.

[80] Grandey A. Emotional regulation as emotional labor: A test of a framework. Symposium presentation for the 17th annual meeting of the Society of Industrial and Organizational Psychology. Toronto, Ontario, 2002.

[81] Grandey A. A., Dickter D. N. & Sin H. P. The customer is not always right: customer aggression and emotion regulation of service employees [J]. Journal of Organizational Behavior, 2004, 25 (3): 397-418.

[82] Grandey A. A. & Gabriel A. S. Emotional labor at a crossroads: Where do we go from here? [J]. Annual Review of Organizational Psychology & Organizational Behavior, 2015, 2 (1): 323-349.

[83] Grandey A. A. & Melloy R. C. The state of the heart: Emotional labor as emotion regulation reviewed and revised [J]. Journal of Occupational Health Psychology, 2017, 22 (3): 407-422.

[84] Grant A. M. Rocking the boat but keeping it steady: the role of emotion regulation in employee voice [J]. Academy of Management Journal, 56 (6): 1703-1723.

[85] Gross J. Antecedent- and response-focused emotion regulation: divergent consequences for experience, expression, and physiology [J]. Journal of Personality and Social Psychology, 1998, 74 (1), 224-237.

[86] Groth M. & Grandey A. From bad to worse: negative exchange spirals in employee-customer service interactions [J]. Organizational Psychology Review, 2012, 2 (3): 208-233.

[87] Groth M., Hennig-Thurau T. & Walsh G. Customer reactions to emotional labor: the roles of employee acting strategies and customer detection accuracy [J]. Academy of Management Journal, 2009, 52 (5): 958-974.

[88] Gross J. The emerging field of emotion regulation: An integrative review [J]. Review of General Psychology, 1998, 2 (3): 271-299.

[89] Hargreaves A. The emotional practice of teaching [J]. Teaching and Teacher Education, 1998, 14: 835-854.

[90] Hennig-Thurau T., Groth M., Paul M. & Gremler D. D. Are All Smiles Created Equal? How Emotional Contagion and Emotional Labor Affect Service Relationships [J]. Journal of Marketing, 2006, 70 (3): 58-73.

[91] Hershcovis M. S. "incivility, social undermining, bullying…oh my!": a call to reconcile constructs within workplace aggression research [J]. Journal of Organizational Behavior, 2011, 32 (3): 499-519.

[92] Higgins E. T. Promotion and prevention: regulatory focus as a motivational principle [J]. Advances in Experimental Social Psychology, 1998, 30 (2): 1-46.

[93] Hobfoll S. E. Conservation of Resources: A new attempt at conceptualizing stress [J]. American Psychologist, 1989, 44 (3): 513-524.

[94] Hobfoll S. E. The influence of culture, community, and the nested-self in the stress process: Advancing conservation of resources theory [J]. Applied Psychology, 2001, 50 (3): 337-421.

[95] Hobfoll S. E., Halbesleben J., Neveu J. P. & Westman, M. Conservation of resources in the organizational context: the reality of resources and

their consequences [J]. Annual Review of Organizational Psychology and Organizational Behavior, 2018, 5 (1): 103-128.

[96] Hochschild A. R. Emotion work, feeling rules, and social structure [J]. American Journal of Sociology, 1979, 85 (3): 551-575.

[97] Hochschild A. R. The managed heart: The commercialization of feeling [M]. Berkeley, CA: University of California Press, 1983.

[98] Hu Li-tze, & Bentler P. M. Cutoff criteria for fit indexes in covariance structure analysis: conventional criteria versus new alternatives [J]. Structural Equation Modeling, 1999, 6 (1): 1-55.

[99] Humphrey R. H., Ashforth B. E. & Diefendorff J. M. The bright side of emotional labor [J]. Journal of Organizational Behavior, 2015: 36 (6): 749-769.

[100] Hur W. M., Han S. J., Yoo J. J. & Moon T. W. The moderating role of perceived organizational support on the relationship between emotional labor and job-related outcomes [J]. Management Decision, 2015, 53 (3): 605-624.

[101] Hur W. M., Rhee S. Y. & Ahn K. H. Positive psychological capital and emotional labor in korea: the job demands-resources approach [J]. The International Journal of Human Resource Management, 2016, 27 (5): 1-24.

[102] Hülsheger U. R., Lang J. W. B. & Maier G. W. Emotional labor, strain, and performance: Testing reciprocal relationships in a longitudinal panel study [J]. Journal of Occupational Health Psychology, 2010, 15 (4): 505-521.

[103] Hülsheger U. R. & Schewe A. F. On the costs and benefits of emotional labor: A meta-analysis of three decades of research [J]. Journal of Occupational Health Psychology, 2001, 16 (3): 361-389.

[104] John O. P. & Gross J.J. Healthy and unhealthy emotion regulation: Personality processes, individual differences, and life span development

［J］. Journal of Personality, 2004, 72 (6): 1301-1334.

［105］Johnson R. E., Chang C. H., Meyer T., Lanaj K. & Way J. Approaching success or avoiding failure? approach and avoidance motives in the work domain［J］. European Journal of Personality, 2012, 27 (5): 424-441.

［106］Jones S. & James J. R. An examination of the emotional labor construct and its effects on employee outcomes. Unpublished Doctoral Dissertation. The University of Nebraska-Lincoln, 1998.

［107］Judge T. A., Woolf E. F. & Hurst C. Is emotional labor more difficult for some than for others? A multilevel, experience-sampling study［J］. Personnel Psychology, 2009, 62 (1): 57-88.

［108］Kammeyer-Mueller J. D., Rubenstein A. L., Long D. M., Odio M. A., Buckman B. R. & Zhang Y., et al. A meta-analytic structural model of dispositional affectivity and emotional labor［J］. Personnel Psychology, 2013, 66 (1): 47-90.

［109］Karim J. & Weisz R. Emotional intelligence as a moderator of affectivity/emotional labor and emotional labor/psychological distress relationships ［J］. Psychological Studies, 2011, 56 (4): 348-359.

［110］Keller M. M., Chang M.-L., Becker E. S., Goetz T. & Frenzel A. C. Teachers' emotional experiences and exhaustion as predictors of emotional labor in the classroom: An experience sampling study［J］. Frontiers in Psychology, 2014, 5: 1442.

［111］Kelchtermans G. & Ballet K. The micropolitics of teacher induction - a narrative-biographical study on teacher socialisation［J］. Teaching and Teacher Education, 2002, 18 (1): 105-120.

［112］Kesting M. L., Bredenpohl M., Klenke J., Westermann S. & Lincoln T. M. The impact of social stress on self-esteem and paranoid ideation［J］. Journal of Behavior Therapy and Experimental Psychiatry, 2013, 44 (1): 122-128.

［113］Kiffin-Petersen S. A., Jordan C. L. & Soutar G. N. The big five, emotional exhaustion and citizenship behaviors in service settings: The mediating role of emotional labor [J]. Personality and Individual Differences, 2011, 50 (1): 43-48.

[114] Kim H. J. Hotel service providers' emotional labor: the antecedents and effects on burnout [J]. International Journal of Hospitality Management, 2008, 27 (2): 151-161.

[115] Kim E., Bhave D. P. & Glomb T. M. Emotion regulation in workgroups: the roles of demographic diversity and relational work context [J]. Personnel Psychology, 2013, 66 (3): 613-644.

[116] Kim G. & Lee S. Women sales personnel's emotion management: Do employee affectivity, job autonomy, and customer incivility affect emotional labor? [J]. Asian Women, 2014, 30 (4): 3–27.

[117] Kruml S. M. & Geddes D. Exploring the dimensions of emotional labor: the heart of Hochschild's work [J]. Management Communication Quarterly, 2000, 14 (1): 8-49.

[118] Kurtessis J. N., Eisenberger R., Ford M. T., Buffardi L. C., Stewart K. A. & Adis C. S. Perceived organizational support: A meta-analytic evaluation of organizational support theory [J]. Journal of Management, 2017, 43 (6): 1854-1884.

[119] Lazarus R. S. & Folkman S. Stress, appraisal and coping [M]. New York: Springer, 1984.

[120] Leary M. R. & Baumeister R. F. The nature and function of self-esteem: sociometer theory [J]. Advances in Experimental Social Psychology, 2000, 32: 1-62.

[121] Lee M. & Van Vlack S. Teachers' emotional labour, discrete emotions, and classroom management self-efficacy [J]. Educational Psychology, 2017, 38 (5): 669-686.

[122] Leiner D. J. Too fast, too straight, too weird: post-hoc identification of meaningless data in internet surveys. Ssrn Electronic Journal, 2013, 11,

2-58.

[123] Leiter M. P. Burnout as a developmental process: Consideration of models. In W. B. Schaufeli, C. Maslach, & T. Marek (Eds.), Professional burnout: Recent developments in theory and research. (pp. 237-250). Taylor & Francis, 1993.

[124] Leiter M. P. & Maslach C. The impact of interpersonal environment on burnout and organizational commitment [J]. Journal of Organizational Behavior, 1988, 9 (4): 297-308.

[125] Lewig K. A., Xanthopoulou D., Bakker A. B., Dollard M. F. & Metzer J. C. Burnout and connectedness among australian volunteers: a test of the job demands-resources model [J]. Journal of vocational behavior, 2007, 71 (3): 429-445.

[126] Liang H. Y., Tang F. I., Wang T. F., Lin K. C. & Yu S. Nurse characteristics, leadership, safety climate, emotional labour and intention to stay for nurses: a structural equation modelling approach [J]. Journal of Advanced Nursing, 2016, 72 (12): 3068-3080.

[127] Liao Y. H., Luo S. Y., Tsai M. H. & Chen H. C. An exploration of the relationships between elementary school teachers' humor styles and their emotional labor [J]. Teaching and Teacher Education, 2020, 87: 1-9.

[128] Liu L., Hu S., Wang L., Sui G. & Ma L. Positive resources for combating depressive symptoms among Chinese male correctional officers: Perceived organizational support and psychological capital [J]. BMC Psychiatry, 2013, 13.

[129] Luthans F., Avolio B. J., Avey J. B. & Norman S. M. Positive psychological capital: measurement and relationship with performance and satisfaction. Personnel Psychology [J], 2007, 60 (3): 541-572.

[130] Luthans F. & Youssef-Morgan C. M. Emerging positive organizational behavior [J]. Journal of Management, 2007, 33 (3): 321-349.

[131] Luthans F. & Youssef-Morgan C. M. Psychological capital: An evidence-

based positive approach [J]. Annual Review of Organizational Psychology and Organizational Behavior, 2017, 4 (1): 339-366.

[132] Maneotis S. M., Grandey A. A. & Krauss A. D. Understanding the "why" as well as the "how": service performance is a function of prosocial motives and emotional labor [J]. Human Performance, 2014, 27 (1): 80-97.

[133] Masten & Ann S. Ordinary magic: resilience processes in development [J]. American Psychologist, 2001, 56 (3): 227-238.

[134] Maslach C. & Jackson S. E. Maslach Burnout Inventory manual [J]. Palo Alto, CA: Consulting Psychologists Press, 1986.

[135] Maslach C., Schaufeli W. B. & Leiter M. P. Job burnout [J]. Annual Review of Psychology, 2001, 52 (1): 397-422.

[136] Martin A. Nowak and Sébastien Roch. Upstream reciprocity and the evolution of gratitude [J]. Proceedings Biological Sciences, 2007, 274 (1610): 605-609.

[137] Matsumoto D., Yoo S. H. & Nakagawa S. Culture, emotion regulation, and adjustment [J]. Journal of Personality and Social Psychology, 2008, 94 (6): 925-937.

[138] Maxwell A. & Riley P. Emotional demands, emotional labour and occupational outcomes in school principals: Modelling the relationships [J]. Educational Management Administration and Leadership, 2017, 45 (3): 484-502.

[139] McCance A. S., Nye C. D., Wang L., Jones K. S. & Chiu C. Y. Alleviating the burden of emotional labor: the role of social sharing [J]. Journal of Management, 2013, 39 (2): 392-415.

[140] Mccullough M. E., Tsang J. A. & Emmons R. A. Gratitude in intermediate affective terrain: links of grateful moods to individual differences and daily emotional experience [J]. Journal of Personality & Social Psychology, 2004, 86 (2): 295-309.

[141] Meanwell E., Wolfe J. D. & Hallett T. Old paths and new directions: studying emotions in the workplace [J]. Sociology Compass, 2008, 2 (2): 537-559.

[142] Mesmer-Magnus J. R., Dechurch L. A. & Wax A. Moving emotional labor beyond surface and deep acting: a discordance-congruence perspective [J]. Organizational Psychology Review, 2012, 2 (1): 6-53.

[143] Mesquita B. & Albert D. The cultural regulation of emotions. In J. J. Gross (Ed.), The Handbook of Emotion Regulation (pp. 486-503). Guilford Press, 2007.

[144] Mesquita B. & Delvaux E. A cultural perspective on emotion labor. In A. A. Grandey, J. M. Diefendorff, & D. E. Rupp (Eds.), Emotional labor in the 21st century: Diverse perspectives on emotion regulation at work. (pp. 251-272). Routledge/Taylor & Francis Group, 2013.

[145] Mesquita B., Karasawa M., Haire A., Izumi S., Hayashi A., Idzelis M., et al. What do I feel: The role of cultural models in emotion representation. Unpublished manuscript, 2006.

[146] Middleton D. R. Emotional style: The cultural ordering of emotions [J]. Ethos, 1989, 17 (2): 187-201.

[147] Miner K. N., Settles I. H., Pratt-Hyatt J. S. & Brady C. C. Experiencing incivility in organizations: The buffering effects of emotional and organizational support [J]. Journal of Applied Social Psychology, 2012, 42 (2): 340-372.

[148] Mishra S. K. Linking perceived organizational support to emotional labor [J]. Personnel Review, 2014, 43 (6): 845-860.

[149] Mishra S. K., Bhatnagar D., Premilla D'Cruz & Noronh E. Linkage between perceived external prestige and emotional labor: mediation effect of organizational identification among pharmaceutical representatives in india [J]. Journal of World Business, 2012, 47 (2): 204-212.

[150] Moller A. C., Deci E. L. & Ryan R. M. Choice and ego-depletion: The

moderating role of autonomy [J]. Personality and Social Psychology Bulletin, 2006, 32 (8): 1024-1036.

[151] Moon T. W., Hur W. M. & Jun J. K. The role of perceived organizational support on emotional labor in the airline industry [J]. International Journal of Contemporary Hospitality Management, 2013, 25 (1): 105-123.

[152] Montgomery A. J., Panagopolou E., de Wildt M. & Meenks E. Work-family interference, emotional labor and burnout [J]. Journal of Managerial Psychology, 2006, 21 (1): 36-51.

[153] Moran C. M., Diefendorff J. M. & Greguras G. J. Understanding emotional display rules at work and outside of work: The effects of country and gender [J]. Motivation and Emotion, 2013, 37 (2): 323-334.

[154] Morris J. A. & Feldman D. C. The dimensions, antecedents, and consequences of emotional labor [J]. Academy of Management Review, 1996, 21 (4): 986-1010.

[155] Newman A., Ucbasaran D, Zhu F. & Hirst G. Psychological capital: a review and synthesis [J]. Journal of Organizational Behavior, 2014, 35 (S1): S120-S138.

[156] Nixon A. E., Yang L. Q., Spector P. E. & Zhang X. Emotional labor in China: Do perceived organizational support and gender moderate the process? [J]. Stress and Health, 2011, 27 (4): 289-305.

[157] Novin S., Banerjee R., Dadkhah A. & Rieffe C. Self-reported use of emotional display rules in the Netherlands and Iran: Evidence for sociocultural influence [J]. Social Development, 2009, 18 (2): 397-411.

[158] Nowak M. A., Roch S. Upstream reciprocity and the evolution of gratitude [J]. Proceedings Biological Sciences, 2007, 274 (1610): 605-609.

[159] Nylund K. L., Asparouhov T. & Muthén Bengt O. Deciding on the number of classes in latent class analysis and growth mixture modeling: a monte carlo simulation study [J]. Structural Equation Modeling A

Multidisciplinary Journal, 2007, 14 (4): 535-569.

[160] O'Connor K. E. "you choose to care": teachers, emotions and professional identity [J]. Teaching & Teacher Education, 2008, 24 (1): 117-126.

[161] Ozcelik H. An empirical analysis of surface actin g in intra-organizational relationships [J]. Journal of Organizational Behavior, 2013, 34 (3): 291-309.

[162] Philipp A. & Schüpbach Heinz. Longitudinal effects of emotional labour on emotional exhaustion and dedication of teachers [J]. Journal of Occupational Health Psychology, 2010, 15 (4): 494-504.

[163] Pugh S. D., Groth M. & Hennig-Thurau T. Willing and able to fake emotions: a closer examination of the link between emotional dissonance and employee well-being [J]. Journal of Applied Psychology, 2011, 96 (2): 377-390.

[164] Rayner C. & Hoel H. A summary review of literature relating to workplace bullying [J]. Journal of Community and Applied Social Psychology, 1997, 7 (3): 181-191.

[165] Rhoades L. & Eisenberger R. Perceived organizational support: a review of the literature [J]. Journal of Applied Psychology, 2002, 87 (4): 698-714.

[166] Rosenberg M. Society and the adolescent self-image. Princeton: Princeton University Press, 1965.

[167] Rucker D. D., Preacher K. J., Tormala Z. L. & Petty R. E. Mediation analysis in social psychology: current practices and new recommendations [J]. Social & Personality Psychology Compass, 2011, 5 (6): 359-371.

[168] Rafaeli A. & Sutton R. I. Expression of emotion as part of the work role [J]. The Academy of Management Review, 1987, 12 (1): 23-37.

[169] Rafaeli A. & Sutton R. I. The expression of emotion in organizational life [J]. Research in Organizational Behavior, 1989, 11: 1-42.

[170] Rupp D. E. & Spencer S. When customers lash out: the effects of customer interactional injustice on emotional labor and the mediating role of discrete emotions [J]. Journal of Applied Psychology, 2006, 91 (4): 971-978.

[171] Rupp D. E., Silke Mccance A., Spencer S. & Sonntag K. Customer (in) justice and emotional labor: the role of perspective taking, anger, and emotional regulation? [J]. Journal of Management, 2008, 34 (5): 903-924.

[172] Salovey P. & Mayer J. D. Emotional intelligence [J]. Imagination Cognition and Personality, 1990, 9 (3): 185-211.

[173] Schaubroeck J. & Jones J. R. Antecedents of workplace emotional labor dimensions and moderators of their effects on physical symptoms [J]. Journal of Organizational Behavior, 2000, 21 (2): 163-183.

[174] Schaufeli W. B., Bakker A. B. & van Rhenen W. How changes in job demands and resources predict burnout, work engagement, and sickness absenteeism [J]. Journal of Organizational Behavior, 2009, 30 (7): 893-917.

[175] Schaufeli W. B., Salanova M., Vicente González-romá & Bakker A. B. The measurement of engagement and burnout: a two sample confirmatory factor analytic approach [J]. Journal of Happiness Studies, 2002, 3 (1): 71-92.

[176] Schmeichel B. J., Demaree H. A., Robinson J. L. & Pu J. Ego depletion by response exaggeration [J]. Journal of Experimental Social Psychology, 2006, 42 (1); 95-102.

[177] Schilpzand P., De Pater I. E. & Erez A. Workplace incivility: a review of the literature and agenda for future research [J]. Journal of Organizational Behavior, 2014: 57-88.

[178] Scott B. A. & Barnes C. M. A multilevel field investigation of emotional labor, affect, work withdrawal, and gender [J]. Academy of

Management Journal, 2011, 54 (1): 116-136.

[179] Shapoval V. Organizational injustice and emotional labor of hotel front-line employees [J]. International Journal of Hospitality Management, 2019, 78: 112-121.

[180] Sliter M., Chen Y., Withrow S. & Sliter K. Older and (emotionally) smarter? emotional intelligence as a mediator in the relationship between age and emotional labor strategies in service employees [J]. Experimental Aging Research, 2013, 39 (4): 466-479.

[181] Sliter M., Jex S., Wolford K. & Mcinnerney J. How rude! Emotional labor as a mediator between customer incivility and employee outcomes [J]. Journal of Occupational Health Psychology, 2010, 15 (4): 468-481.

[182] Sluss D. M. & Ashforth B. E. Relational identity and identification: defining ourselves through work relationships [J]. Academy of Management Review, 2007, 32 (1): 9-32.

[183] Sok K. M., Sok P. & De Luca L. M. The effect of "can do" and "reason to" motivations on service–sales ambidexterity [J]. Industrial Marketing Management, 2016, 55 (3): 144-155.

[184] Soto J. A., Perez C. R., Kim Y.-H., Lee E. A. & Minnick M. R. Is expressive suppression always associated with poorer psychological functioning? A cross-cultural comparison between European Americans and Hong Kong Chinese [J]. Emotion, 2011, 11 (6): 1450-1455.

[185] Snyder M. Self-monitoring of expressive behavior [J]. Journal of Personality and Social Psychology, 1974, 30 (4): 526-537.

[186] Snyder C. R., Cheavens J. & Sympson S. C. Hope: an individual motive for social commerce [J]. Group Dynamics: Theory, Research, and Practice, 1997, 1 (2): 107-118.

[187] Spencer S. & Rupp D. E. Angry, guilty, and conflicted: injustice toward coworkers heightens emotional labor through cognitive and emotional mechanisms [J]. Journal of Applied Psychology, 2009, 94 (2): 429-444.

[188] Sutton R. I. & Rafaeli A.Untangling the relationships between displayed emotions and organizational sales: The case of convenience stores [J]. Academy of Management Journal, 1988, 31 (3): 461-487.

[189] Sutton R. E. Emotional regulation goals and strategies of teachers [J]. Social Psychology of Education, 2004, 7 (4): 379-398.

[190] Tajfel H. Social Categorization, Social Identity and Social Comparison. In: Taifel, H., Ed., Differentiation between Social Groups [M]. London: Academic Press, 1978.

[191] Thiel C. E., Connelly S. & Griffith J. A. Leadership and emotion management for complex tasks: Different emotions, different strategies [J]. Leadership Quarterly, 2012, 23 (3): 517-533.

[192] Thoits P. A. Emotion norms, Emotion work, and social order. Feelings and emotions [M]. Cambridge: Cambridge University, 2004.

[193] Totterdell P. & Holman D. Emotion regulation in customer service roles: testing a model of emotional labor [J]. Journal of Occupational Health Psychology, 2003, 8 (1): 55-73.

[194] Trougakos J. P., Jackson C. L. & Beal D. J. Service without a smile: comparing the consequences of neutral and positive display rules [J]. Journal of Applied Psychology, 2001, 96 (2): 350-362.

[195] Tsai W. C. & Huang Y. M. Mechanisms linking employee affective delivery and customer behavioral intentions [J]. Journal of Applied Psychology, 2002, 87 (5): 1001-1008.

[196] Underwood M.K., Coie J.D. & Herbsman C.R. Display rules for anger and aggression in school-age children [J]. Child Development, 1992, 63 (2): 366-380.

[197] van Jaarsveld D. D., Walker D. D. & Skarlicki D. P. The role of job demands and emotional exhaustion in the relationship between customer and employee incivility [J]. Journal of Management, 2010, 36 (6): 1486-1504.

［198］Wagner D. T., Barnes C. M. & Scott B. A. Driving it home: How workplace emotional labor harms employee home life［J］. Personnel Psychology, 2014, 67（2）: 487-516.

［199］Wang K. L. & Groth M. Buffering the negative effects of employee surface acting: The moderating role of employee-customer relationship strength and personalized services［J］. Journal of Applied Psychology, 2014, 99（2）: 341-350.

［200］Waters L. Predicting job satisfaction: Contributions of individual gratitude and institutionalized gratitude［J］. Psychology, 2012, 3（12）: 1174-1176.

［201］Weiss H. M. & Cropanzano R. S. （1996）. Affective events theory: A theoretical discussion of the structure, causes and consequences of affective experiences at Work. In B. M. Staw & L. L. Cummings （Eds.）, Research in organizational Behavior （Vol. 18, pp. 1-74）. Elsevier.

［202］Wharton A. S. The sociology of emotional labor［J］. Annual Review of Sociology, 2009, 35: 147-165.

［203］Wharton A. S. （1993）. The affective consequences of service work: managing emotions on the job［J］. Work & Occupations, 1993, 20（2）: 205-232.

［204］Wong C. S. & Law K. S. The effects of leader and follower emotional intelligence on performance and attitude: an exploratory study［J］. Leadership Quarterly, 2002, 13（3）: 243-274.

［205］Wróbel M. Can empathy lead to emotional exhaustion in teachers? the mediating role of emotional labor［J］. International Journal of Occupational Medicine and Environmental Health, 2013, 26（4）: 581-592.

［206］Wu W. Y. & Nguyen K. V. H. The antecedents and consequences of psychological capital: a meta-analytic approach［J］. Leadership and

Organization Development Journal, 2019, 40 (4): 435-456.

[207] Yao X., Yao M., Zong X., Li Y., Li X., Guo F. & Cui G. How school climate influences teachers' emotional exhaustion: The mediating role of emotional labor [J]. International journal of environmental research and public health, 2015, 12 (10): 12505-12517.

[208] Yagil D. When the customer is wrong: a review of research on aggression and sexual harassment in service encounters [J]. Aggression and Violent Behavior, 2008, 13 (2): 141-152.

[209] Yilmaz K., Altinkurt Y., Güner M. & Şen B. The Relationship between teachers' Emotional labor and burnout Level [J]. Eurasian Journal of Educational Research, 2015, 59: 75-90.

[210] Yin H., Lee J. C. K., Zhang Z. & Jin Y. Exploring the relationship among teachers' emotional intelligence, emotional labor strategies and teaching satisfaction [J]. Teaching and Teacher Education, 2013, 35: 137-145.

[211] Yin H. The effect of teachers emotional labour on teaching satisfaction: Moderation of emotional intelligence [J]. Teachers and Teaching: Theory and Practice, 2015, 21 (7): 789-810.

[212] Yin H., Huang S. & Lee J. C. K. Choose your strategy wisely: Examining the relationships between emotional labor in teaching and teacher efficacy in Hong Kong primary schools [J]. Teaching and Teacher Education, 2017, 66: 127-136.

[213] Yoo J. The influence of social undermining on the service employee's customer-oriented boundary-spanning behavior [J]. Journal of Services Marketing, 2013, 27 (7): 539-550.

[214] Youssef-Morgan C. M. & Luthans F. Psychological capital theory: Toward a positive holistic model [J]. Advances in Positive Organizational Psychology, 2013, 1: 145-166.

[215] Zapf D. Emotion work and psychological well-being a review of the literature and some conceptual considerations [J]. Human Resource

Management Review, 2002, 12 (2): 237-268.

[216] Zembylas M. Emotions and teacher identity: A poststructural perspective [J]. Teachers and Teaching: Theory and Practice, 2003, 9 (3): 213-238.

[217] Zerbe W. Emotional dissonance and well-being. Emotion in the workplace: Research, theory, and practice. Westport, CT: Quorum, 2000.

[218] Zhou Q., Hirst G. & Shipton H. Context matters: combined influence of participation and intellectual stimulation on the promotion focus-employee creativity relationship [J]. Journal of Organizational Behavior, 2012, 33 (7): 894-909.

[219] Zhou J. & Li Y. The role of leader's humility in facilitating frontline employees' deep acting and turnover: The moderating role of perceived customer-oriented climate [J]. Journal of Leadership and Organizational Studies, 2018, 25 (3): 353-367.

[220] 封喜桃. 私立幼儿园消费主义倾向分析 [J]. 教育评论, 2001 (5): 36-38.

[221] 胡芳芳, 桑青松. 幼儿教师职业认同、社会支持与工作满意度的关系 [J]. 心理与行为研究, 2013, 11 (5): 666-670.

[222] 戈柔. 幼儿教师与家长沟通障碍的成因剖析 [J]. 学前教育研究, 2003, 2 (33): 52-53.

[223] 黄敏儿, 吴钟琦, 唐淦琦. 服务行业员工的人格特质、情绪劳动策略与心理健康的关系 [J]. 心理学报, 2010, 42 (12): 1175-1189.

[224] 廖化化, 颜爱民. 情绪劳动的内涵 [J]. 管理学报, 2015, 12 (2): 306-312.

[225] 廖化化, 颜爱民. 情绪劳动与工作倦怠—— 一个来自酒店业的体验样本研究 [J]. 南开管理评论, 2016, 19 (4): 147-158.

[226] 李晓艳, 周二华. 心理资本与情绪劳动策略、工作倦怠的关系研究 [J]. 管理科学, 2013, 26 (1): 38-47.

[227] 李岩. 中国特殊教育教师职业认同与工作投入的关系研究 [J]. 中国特殊教育, 2018, 12: 77-85.

[228] 凌文辁, 杨海军, 方俐洛. 企业员工的组织支持感. 心理学报, 2006, 38 (2): 281-287.

[229] 刘丹, 缴润凯, 王贺立, 李飞飞. 幼儿教师情绪劳动策略与职业倦怠的关系:基于潜在剖面分析[J]. 心理发展与教育, 2018, 34 (6): 104-111.

[230] 刘军, 朱征, 王琦琦, 杨朦晞. 工作场所感恩研究述评与展望[J]. 外国经济与管理, 2019, 41 (9): 61-74.

[231] 刘萱. 认知重评团体辅导对幼儿教师情绪劳动策略的干预研究[D]. 南昌: 江西师范大学, 2015.

[232] 刘雪梅, 陈文磊. 社会支持对新生代农民工组织承诺的影响机制[J]. 农业经济问题, 2018, 12: 77-85.

[233] 刘衍玲. 中小学教师情绪工作的探索性研究[D]. 重庆: 西南大学, 2007.

[234] 刘云艳, 陈希. 幼儿园教师家园沟通胜任力特征及其提高策略[J]. 学前教育研究, 2017, 2: 54-63.

[235] 刘喆. 服务员工情绪劳动的影响机理研究[D]. 沈阳: 东北大学, 2016.

[236] 马淑蕾, 黄敏儿. 情绪劳动:表层动作与深层动作, 哪一种效果更好? [J]. 心理学报, 2006, 38 (2): 262-270.

[237] 毛晋平, 莫拓宇. 中小学教师心理资本、情绪劳动策略、工作倦怠的关系研究[J].教师教育研究, 2014, 26 (5):22-28, 35.

[238] 秦旭芳, 张蕊, 吕冰霞. 家园关系中"亲师矛盾"的特点透析及消解策略[J]. 陕西学前师范学院学报, 2018, 34 (07): 20-26, 32.

[239] 万杰, 温忠麟. 基于结构方程模型的有调节的中介效应分析[J]. 心理科学, 2018, 41 (2): 453-458.

附　　录

附录一　幼儿教师情绪劳动影响因素初步探索访谈提纲

访谈引导：尊敬的幼儿教师，您好！首先，非常感谢您在百忙之中抽出时间参与我的访谈！我是东北师范大学心理学院在读博士研究生，本次调查的目的是了解幼儿教师工作中的情绪管理现状。

本次访谈为匿名，您的回答没有好坏、对错之分，访谈结果只做整体性分析，所有资料绝对保密，请您根据自己工作中的真实情况放心作答。访谈共分两部分内容，第一部分为基本信息，第二部分为正式访谈。若您在访谈过程中认为我们的对话让您有任何不适，您可以随时退出，如果您目前没有问题，下面我们将进入第一部分。

第一部分：基本信息，请您在符合情况的相应选项上打钩。

1. 您的年龄：＿＿＿＿＿＿周岁

2. 您的教龄：＿＿＿＿＿＿年

3. 您的性别：①男　②女

4. 园所性质：①公立　②私立

5. 婚姻状况：①已婚　②未婚　③其他

6. 养育状况：①已育　②未育

7. 您的学历：①初高中　②大专　③本科　④研究生

8. 教学年级：①托班　②小班　③中班　④大班　⑤学前班

9. 职称：①幼儿园初级　②幼儿园中级　③幼儿园高级　④小教初级

　　　　⑤小教中级　⑥小教高级　⑦初中初级　⑧初中中级　⑨初中高级

10. 各班级是否有视频监控设备以供园所领导或家长观看？①是　②否

11. 职务：① 主班老师 ②配班老师 ③保育员 ④其他

第二部分：正式访谈

1. 在工作中，您是否尝试去控制、调节或掩饰自身的情绪表现？

2. 在工作中，什么情况下您会对自己的情绪进行控制、调整和修饰？请您描述2～3件工作中实际发生的例子，尽量详细描述您如何通过调整自己的情绪来完成工作的？

3. 当您试着控制情绪的时候，有多大程度能够成功？为什么？

4. 您为什么会对自己的情绪进行调整、控制和修饰？

4. 还有哪些原因使您调整、控制自己的情绪？请举例说明。

5. 关于本研究的问题，您还有需要补充的内容吗？（回答没有，则访谈结束）

附录二　幼儿教师情绪劳动量表编制使用的访谈提纲

访谈引导：尊敬的幼儿教师，您好！首先，非常感谢您在百忙之中抽出时间参与我的访谈！我是东北师范大学心理学院在读博士研究生，本次调查的目的是了解幼儿教师工作中的情绪管理现状。

本次访谈为匿名，您的回答没有好坏、对错之分，访谈结果只做整体性分析，所有资料绝对保密，请您根据自己工作中的真实情况放心作答。访谈共分两部分内容，第一部分为基本信息，第二部分为正式访谈。若您在访谈过程中认为我们的对话让您有任何不适，您可以随时退出，如果您目前没有问题，下面我们将进入第一部分。

第一部分：基本信息，请您在符合情况的相应选项上打钩。

1. 您的年龄：_____周岁

2. 您的教龄：_____年

3. 您的性别：①男 ②女

4. 园所性质：①公立 ②私立

5. 婚姻状况：①已婚 ②未婚 ③其他

6. 养育状况：①已育 ②未育

7. 您的学历：①初高中 ②大专 ③本科 ④研究生

8. 教学年级：①托班 ②小班 ③中班 ④大班 ⑤学前班

9. 职称：①幼儿园初级 ②幼儿园中级 ③幼儿园高级 ④小教初级
　　　　⑤小教中级 ⑥小教高级 ⑦初中初级 ⑧初中中级 ⑨初中高级

10. 各班级是否有视频监控设备以供园所领导或家长观看？①是 ②否

11. 职务：① 主班老师 ②配班老师 ③保育员 ④其他

第二部分：正式访谈

1. 在工作中，您是否尝试去控制、调节或掩饰自身的情绪表现？
（如果回答"是"，则继续询问）。

2. 您是如何尝试控制情绪的？请您描述2～3件工作中实际发生的例子，尽量详细描述您如何通过调整自己情绪来完成工作的？

3. 您是否尝试调整消极情绪和积极情绪？
（如果受访者仅讨论积极情绪或消极情绪），则继续询问。
您是否调节消极情绪（积极情绪）？

4. 在事件发生之后和一天的工作结束之后，您通常使用什么方法来处理情绪？

5. 如果您上班之前心情不佳（比如上班路上堵车，晚上没有睡好），您会怎样调整自己的心情来迎接一天的工作？

6.（询问工作年限在5年以上的幼儿教师）您在刚入职时和当前阶段对情绪的调整、控制和修饰的方法是否有差别？

（如果回答"是"，则继续询问：差别表现在哪里？这些差别的原因是什么？请举例说明。）

7. 您在工作的过程中，如果不对自己的情绪进行控制，会带来怎样的结果？

（如果被试回答不控制，则继续询问：有的老师曾经告诉我，当他们很生气的时候，通常会掩饰自己的情绪，因为担心自己的情绪表现可能会越界，您是否也有这样的担心呢？）

附录三　质性访谈编码结果

主轴编码	关联性编码	开放式编码	受访者代表性语句
情绪事件	家长无礼行为	家长对教师不尊重、不礼貌的行为表现	1.家长和老师确实是有些不平等，有时候家长会认为自己有权利让老师做工作内容范围以外的事情，这个时候老师心里会不舒服（GZL-TLS） 2.有的家长带着情绪就冲老师来了，会让老师觉得不被尊重（SDFY-LXW）
	幼儿不守规则	幼儿不遵守行为规范	一个班级这么多孩子，有时候一个老师在管，孩子们干什么的有，班级的秩序就会很混乱，心里又生气又着急（SDFY-ZW）
	家长积极行为	家长对教师表示感谢、积极配合教师的工作	去年我带大班的孩子，毕业会演结束之后，很多家长带着孩子跟我合影留念，对我表示感谢，有些家长甚至流泪了，觉得孩子在我这个班成长得特别好，当时我心里也是非常感动、非常不舍的（SDFY-DHM）
	家长言语欺凌	家长对教师的言语辱骂、诋毁	去年我们班级户外活动时两个小朋友打起来了，都受伤了，其实并不严重，擦破了点皮儿，家长知道后特别生气，怒冲冲地到幼儿园来了，当时说话特别难听，脏话都有，我心里又生气又委屈，但也不能表现出来什么（THX-DL）
个体因素	职业认同	对幼儿教师职业价值的认同、自发地表现出与职业要求一致的行为	1.当时我一听真挺来气的，要不是因为自己是老师，如果是外面俩人，我肯定得掰扯掰扯，但是当时我想，我是老师，家长都送孩子呢，如果我们吵起来肯定会对别的家长造成影响（SDFY-WQJ） 2.既然选择了这个职业，就要以专业的态度去面对，让家长满意，孩子高兴，慢慢地会觉得挺好的（ZX-ZZ）

主轴编码	关联性编码	开放式编码	受访者代表性语句
个体因素	自尊	幼儿教师对自我的评价	1.有的家长沟通起来特别困难，有的问题明明已经解决好了，下次他又是拿同样的问题问你，反反复复的，就觉得这个问题怎么这么难啊，自己怎么就解决不好了呢，有时候会觉得自己挺没用的（SDFY-LXW） 2.像我们这样的年轻老师，家长年龄一般都比我们大，有的大挺多的，所以在家长面前，会感觉自己没有自信，另外，本身新老师就没什么工作经验，在家长面前就更没有底气了（ZX-ZYN）
	情绪智力	感知、分析、运用、调节自身和他人情绪的能力	1.这么多年工作下来，我的脾气磨出来了，就是自己能压得住火了，遇到问题也不容易那么急躁了，有时候家长一个眼神我就明白他心里的想法是什么了，能够比较理性地看待这个问题，我觉得硕士这个学习经历对理性思维也是有帮助的，我能够快速地找到应对的方法（SDFY-ZW） 2.家长对自己的第一印象是很关键的，因为他能否放心或者是信任你，支持你工作，可能就在于教师对于跟家长进行交流当中的情感的传递（SDFY-DHM）
	工作投入	教师在工作时表现出的持续、积极的情绪与动机状态	1.我一直特别喜欢孩子，特别喜欢这份工作，所以在工作中，我都是精神饱满的，就感觉工作起来特别带劲儿，回到家反而没有在幼儿园活跃了，有时候我爱人就说我把精力都放在单位了，回家之后都没力气说话了，呵呵（THX-JX） 2.我本身的性格就是比较外放的，喜欢与人打交道，愿意与人沟通，我们班孩子的家长都跟我相处得特别好，班级有什么活动，家长们也都是很支持的，我也喜欢把精力放在跟家长沟通上（TH-WLS）
	顾客导向	站在家长的角度思考问题，尊重家长，照顾家长的情绪	孩子就是每个家庭的希望，我不能把自己的负能量传递给家长、传递给孩子（SDFY-WQJ）

续表

主轴编码	关联性编码	开放式编码	受访者代表性语句
个体因素	情绪特质	人格特质中-情绪倾向	我这个人的性格就是这样，没什么烦心事儿，面对孩子和家长的时候，始终表现的是积极、热情和阳光的，自己平时也是这样的，家长们也都很信任我，我和家长之间的沟通一直都挺好的（ZX-ZZ）
	工作年限	从事幼儿教师职业年限	教了几年之后，你就会发现孩子和家长的素质是千差万别。你没办法要求他，只能让老师来改变，老师的态度情绪需要自己来调整，我们好多老师的负面情绪都是自己消化吸收，没有地方发泄（ZX-SL）
组织因素	组织支持	园所肯定教师的工作价值、关心教师的个人利益与需要，为教师提供工作支持	1.我们园领导对教师都很关心，不只是工作上的关心，教师家里的事情，个人发展的事情，像外出提升、培训的机会，我们园领导都会给老师积极争取，去年我参加了省里的培训，感觉收获特别大，挺感激园里给的机会。（TH-YZR） 2.我们有时候因为家长生气了，园领导会想方设法去抚平老师的情绪。领导的支持，还有同事的支持，让你觉得工作是特别带劲的（GZL-LYY）
	人际氛围	教师间形成的稳定的人际关系模式	我们每天早晨接待幼儿前，会开展一些小活动，改善每位教师的心情，比如集体做游戏，还会有小奖品，大家在一起玩玩闹闹感觉很开心，一天的心情都挺好的，之后面对家长的时候情绪也会很积极（BL-WXZ）
	同事情绪劳动	班级其他教师面对家长的情绪表现	我们班的主班老师在这方面做得特别好，对我也有很好的影响，去年她妈妈去世了，情绪特别不好，但是在家长和孩子面前从来都是面带笑容的，心里难过的时候偷偷去厕所哭，对我触动挺大的，起到了示范作用（SDFY-HY）
	领导风格	园长的领导风格，如积极领导、道德领导	园长对我们的领导都是正向的领导，遇到跟家长沟通当中的问题，园长会帮我们分析，想办法解决，引导我们以积极、正向的态度去面对（GZL-SLS）
	师徒制	工作经验丰富的老教师带刚入职的新教师，结成师-徒对子	我刚入职的时候带我的那个老师特别好，因为她女儿跟我同岁，把我当孩子看，包括后来我谈恋爱、结婚这类的事情都会跟她交流，在工作上遇到困难了，她就帮我调节，帮我分析，然后时间长了自己也就学会了调节的方法，现在我遇到事情了也不会生气（GZL-LG）

附录四　幼儿教师情绪劳动问卷（初测问卷）

尊敬的幼儿教师：

您好！非常感谢您在百忙之中参与我们的调查。本调查旨在了解幼儿教师在工作中的情绪状态。本调查为匿名调查，回答没有好坏、对错之分，问卷结果只做整体性分析并绝对保密，请您放心作答！

第一部分：基本信息。请您按实际情况填写，在符合情况的相应选项上打钩。

1. 您的年龄：_____周岁

2. 您的教龄：_____年

3. 您的性别：①男 ②女

4. 婚姻状况：①已婚 ②未婚 ③其他

5. 养育状况：①已育 ②未育

6. 您的学历：①高中（中专）及以下 ②大专 ③本科 ④硕士及以上

7. 所在年级：①托班（2～3岁）②小班（3～4岁）③中班（4～5岁）
　　　　　　④大班（5～6岁）

8. 职称：①幼儿园初级 ②幼儿园中级 ③幼儿园高级 ④小教二级
　　　　⑤小教一级 ⑥小教高级 ⑦初中初级 ⑧初中中级 ⑨初中高级

9. 职务：①主班老师 ②配班老师 ③保育员 ④其他_____（请完善具体职务）

10. 聘用形式：①事业编制 ②合同制 ③实习生

11. 薪酬待遇：①1001～2000元②2001～3000元③3001～4000元
　　　　　　④4001～5000元⑤5000元以上

第二部分：以下项目是对您在面对幼儿家长时的情绪感受及表现的描述，请根据近三个月实际情况，在相应的选项上打钩，1=从不（1次都没有），2=极少（一个月发生1～2次），3=有时（每周约1次），4=经常（每周有几次），5=总是（几乎每天都发生）。

题号	项目	从不	极少	偶尔	经常	总是
1	家长无理取闹让自己很生气时，表现出尊重、平和的情绪	1	2	3	4	5
2	为了在家长面前表现恰当的情绪，努力调整自己的心态	1	2	3	4	5
3	对家长表现出的尊重、热情与自己的内心感受是一致的	1	2	3	4	5
4	工作任务繁重导致心情焦躁时，面带微笑接待家长	1	2	3	4	5
5	努力控制内心感受，在家长面前表现出恰当的情绪	1	2	3	4	5
6	对家长表现出的礼貌、热情是未经调整和修饰的	1	2	3	4	5
7	感到身体疲惫时，努力在家长面前表现出愉快的表情	1	2	3	4	5
8	尝试从家长的角度体会幼儿教师应当表现的情绪	1	2	3	4	5
9	跟家长交谈时，感觉到很愉快	1	2	3	4	5
10	面对家长的无礼质疑，努力理解家长的感受，平和双方的情绪	1	2	3	4	5
11	为表现出恰当的情绪，在幼儿家长面前夸大了自己的表情	1	2	3	4	5
12	对家长展现的积极情绪是自然而然体验到的	1	2	3	4	5
13	对家长展现出的尊重态度是自己当时的真实感受	1	2	3	4	5
14	工作繁忙身体疲惫时，给自己打气，在家长面前表现饱满的精神状态	1	2	3	4	5
15	为表现出恰当的情绪，在家长面前掩藏了自己的真实感受	1	2	3	4	5
16	对家长表现的愉快表情是经过调整和修饰的	1	2	3	4	5
17	为了表现恰当的情绪，努力调整自己的内心感受	1	2	3	4	5
18	与家长沟通时，发自内心地表现出尊重、平和	1	2	3	4	5

附录五　幼儿教师情绪劳动量表（正式问卷）

尊敬的幼儿教师：

您好！非常感谢您在百忙之中参与我们的调查。本调查旨在了解幼儿教师在工作中的情绪状态。本调查为匿名调查，回答没有好坏、对错之分，问卷结果只做整体性分析并绝对保密，请您放心作答！

第一部分：基本信息。请您按实际情况填写，在符合情况的相应选项上打钩。

1. 您的年龄：_____周岁

2. 您的教龄：_____年

3. 您的性别：①男 ②女

4. 婚姻状况：①已婚 ②未婚 ③其他

5. 养育状况：①已育 ②未育

6. 您的学历：①高中（中专）及以下 ②大专 ③本科 ④硕士及以上

7. 所在年级：①托班（2~3岁） ②小班（3~4岁） ③中班（4~5岁）
　　④大班（5~6岁）

8. 职称：①幼儿园初级 ②幼儿园中级 ③幼儿园高级 ④小教二级
　　⑤小教一级 ⑥小教高级 ⑦初中初级 ⑧初中中级 ⑨初中高级

9. 职务：①主班老师 ②配班老师 ③保育员 ④其他_____（请完善具体职务）

10. 聘用形式：①事业编制 ②合同制 ③实习生

11. 薪酬待遇：①1001~2000元 ②2001~3000元 ③3001~4000元
　　④4001~5000元 ⑤5000元以上

第二部分：以下项目是对您在面对幼儿家长时的情绪感受及表现的描述，请根据近三个月以下情况的发生频率，在相应的选项上打钩，1=从不（1次都没有），2=极少（一个月发生1~2次），3=有时（每周约1次），4=经常（每周有几次），5=总是（几乎每天都发生）。

题号	项目	从不	极少	偶尔	经常	总是
1	为了在家长面前表现恰当的情绪，努力调整自己的心态	1	2	3	4	5
2	努力控制内心感受，在家长面前表现出恰当的情绪	1	2	3	4	5
3	跟家长交谈时，感觉到很愉快	1	2	3	4	5
4	面对家长的无礼质疑，努力理解家长的感受，平和双方的情绪	1	2	3	4	5
5	为表现出恰当的情绪，在幼儿家长面前夸大了自己的表情	1	2	3	4	5
6	对家长展现的积极情绪是自然而然体验到的	1	2	3	4	5
7	对家长展现出的尊重态度是自己当时的真实感受	1	2	3	4	5
8	为表现出恰当的情绪，在家长面前掩藏了自己的真实感受	1	2	3	4	5
9	对家长表现的愉快表情是经过调整和修饰的	1	2	3	4	5
10	与家长沟通时，发自内心地表现出尊重、平和	1	2	3	4	5

附录六　交叉滞后研究问卷测量指导语

第一次测试指导语：

尊敬的幼儿教师：

您好！非常感谢您在百忙之中参与我们的调查。本调查旨在了解幼儿教师在工作中的情绪状态。本次调查为匿名调查，您的回答没有好坏、对错之分，问卷结果只做整体性分析，所有资料绝对保密，请您放心作答！

本研究为纵向研究，共三次调查，本次为第一次调查，为与您第二次和第三次的调查数据匹配，请务必在问卷右上角填写您手机号后四位，感谢您的合作！

第二次测试指导语：

尊敬的幼儿教师：

您好！非常感谢您在百忙之中参与我们的调查。本调查旨在了解幼儿教师在工作中的情绪状态。本次调查为匿名调查，您的回答没有好坏、对错之分，问卷结果只做整体性分析，所有资料绝对保密，请您放心作答！

本研究为纵向研究，共三次调查，本次为第二次调查，您已完成第一次调查，为与您第一次和第三次的调查数据匹配，请务必在问卷右上角填写您手机号后四位，感谢您的合作！

第三次测试指导语：

尊敬的幼儿教师：

您好！非常感谢您在百忙之中参与我们的调查。本调查旨在了解幼儿教师在工作中的情绪状态。您好！非常感谢您在百忙之中参与我们的调查。本调查旨在了解幼儿教师在工作中的情绪状态。本次调查为匿名调查，您的回答没有好坏、对错之分，问卷结果只做整体性分析，所有资料绝对保密，请您放心作答！

本研究为纵向研究，共三次调查，本次为第三次调查，您已完成第一次和第二次调查，为与您第一次和第二次的调查数据匹配，请务必在问卷右上角填写您手机号后四位，感谢您的合作！

附录七　研究中所使用的其他量表

（一）情绪智力量表

以下项目是对您情绪特点的相关描述，请您根据近三个月的实际情况，在相应的选项上打钩，1=非常不符合，2=比较不符合，3=有点不符合，4=不能确定，5=有点符合，6=比较符合，7=非常符合。

题号	项目	非常不符	比较不符	有点不符	不能确定	有点符合	比较符合	非常符合
1	通常我知道自己为什么会有某些感受	1	2	3	4	5	6	7
2	我能很好地理解自己的情绪	1	2	3	4	5	6	7
3	我能够真实理解自己的感受	1	2	3	4	5	6	7
4	我通常知道自己是不是开心	1	2	3	4	5	6	7
5	我通常能从朋友的行为中感受到他们的情绪	1	2	3	4	5	6	7
6	我观察他人情绪的能力很好	1	2	3	4	5	6	7
7	我能敏锐觉察别人的感受和情绪	1	2	3	4	5	6	7
8	我能很好的了解身边人的情绪	1	2	3	4	5	6	7
9	我通常会给自己设定目标并尽力完成	1	2	3	4	5	6	7
10	我是能够自我激励的人	1	2	3	4	5	6	7
11	我经常告诉自己是一个有能力的人	1	2	3	4	5	6	7
12	我经常鼓励自己要竭尽所能	1	2	3	4	5	6	7
13	我能控制自己的脾气并理智应对困难	1	2	3	4	5	6	7
14	我能控制自己的情绪	1	2	3	4	5	6	7
15	当我愤怒时，通常能在很短时间内冷静下来	1	2	3	4	5	6	7
16	我对自己的情绪有较强的控制能力	1	2	3	4	5	6	7

（二）幼儿教师职业认同问卷

请阅读以下项目，根据您近三个月的实际情况，在相应的选项上打钩，1=非常不符合，2=比较不符合，3=不能确定，4=比较符合，5=非常符合。

题号	项目	非常不符	比较不符	不能确定	比较符合	非常符合
1	我认为幼儿教师的工作对人类社会发展有重要作用	1	2	3	4	5
2	我关心别人如何看待幼儿教师职业	1	2	3	4	5
3	作为一名幼儿教师，我时常觉得受人尊重	1	2	3	4	5
4	我能够认真完成教学工作	1	2	3	4	5
5	我适合做幼儿教师工作	1	2	3	4	5
6	从事幼儿教师职业能够实现我的人生价值	1	2	3	4	5
7	我为自己是一名幼儿教师而自豪	1	2	3	4	5

题号	项目	非常不符	比较不符	不能确定	比较符合	非常符合
8	当我看到或听到颂扬教师职业的话语时，我会有一种欣慰感	1	2	3	4	5
9	我能够按时完成工作任务	1	2	3	4	5
10	在做自我介绍的时候，我乐意提到我是一名幼儿教师	1	2	3	4	5
11	我认为幼儿教师职业是社会分工中最重要的职业之一	1	2	3	4	5
12	我在乎别人如何看待幼儿教师群体	1	2	3	4	5
13	我积极主动的创造和谐的同事关系	1	2	3	4	5
14	我认为幼儿教师职业对促进人类个体发展十分重要	1	2	3	4	5
15	我能认真对待职责范围内的工作	1	2	3	4	5
16	为了维护学校的正常教学秩序，我会遵守那些非正式的制度	1	2	3	4	5
17	当有人无端指责幼儿教师群体时，我感到自己受到了侮辱	1	2	3	4	5
18	我认为幼儿教师的工作对促进幼儿的成长与发展很重要	1	2	3	4	5

（三）工作投入量表

请您阅读以下描述，根据您近三个月的实际情况，在相应的选项上打钩，1=完全不符合，2=比较不符合，3=不能确定，4=比较符合，5=完全符合。

题号	项目	完全不符	比较不符	不能确定	比较符合	完全符合
1	工作时，我觉得充满能量	1	2	3	4	5
2	早晨起床后，我很乐意去上班	1	2	3	4	5
3	工作时，我感到干劲十足，精力充沛	1	2	3	4	5
4	我非常热爱我的工作	1	2	3	4	5
5	我所做的工作能够对我产生激励	1	2	3	4	5
6	我为自己所从事的工作感到自豪	1	2	3	4	5
7	虽然有时工作紧张，但很快乐	1	2	3	4	5
8	工作的时候，时间过得很快	1	2	3	4	5
9	工作时，我会达到忘我的境界	1	2	3	4	5

（四）家长无礼行为量表

请阅读以下描述，思考"过去三个月，你所在班级的幼儿家长对你表现出以下行为的频率如何？"请根据您的实际情况，在相应的选项上打钩，1=从不（1次都没有），2=极少（一个月发生1~2次），3=有时（每周约1次），4=经常（每周有几次），5=总是（几乎每天都发生）。

项目	表述	完全不符	比较不符	不能确定	比较符合	完全符合
1	面对你的热情接待，家长的反应冷漠或平淡	1	2	3	4	5
2	家长对你提出无礼的或过分的要求	1	2	3	4	5
3	你对孩子用心付出，家长没有表示感谢	1	2	3	4	5
4	孩子出现一点小问题，家长不分青红皂白来质问你	1	2	3	4	5
5	家长要求你对自家孩子特殊关照或对待	1	2	3	4	5
6	在你下班的时间，家长反复询问孩子的事情	1	2	3	4	5
7	沟通孩子的问题时，家长对你传达的教育理念不感兴趣	1	2	3	4	5

（五）自尊量表

请您阅读以下项目，根据近三个月的实际情况，在相应的选项上打钩，1=非常不符合，2=比较不符合，3=不能确定，4=比较符合，5=非常符合。

题号	项目	非常不符	比较不符	不能确定	比较符合	非常符合
1	我认为自己是一个有价值的人，至少与别人不相上下	1	2	3	4	5
2	我觉得我有很多优点	1	2	3	4	5
3	总的来说，我倾向于认为自己是一个失败者	1	2	3	4	5
4	我做事可以和大多数人一样做得好	1	2	3	4	5
5	我觉得自己没什么值得自豪的地方	1	2	3	4	5
6	我对自己持有一种肯定的态度	1	2	3	4	5
7	整体而言，我对自己是很满意的	1	2	3	4	5
8	我要是能更看得起自己就更好了	1	2	3	4	5
9	有时我感到自己的确很没用	1	2	3	4	5
10	有时我觉得自己一无是处	1	2	3	4	5

（六）调节焦点量表

请阅读以下项目，根据实际情况，在相应的选项上打钩，1=非常不符合，2=比较不符合，3=不能确定，4=比较符合，5=非常符合。

题号	项目	非常不符	比较不符	不能确定	比较符合	非常符合
1	我会将全部精力集中在我希望获得成功的事情上	1	2	3	4	5
2	我会经常思考如何得到好结果	1	2	3	4	5
3	我经常深入地思考如何能够实现自己的愿望和理想	1	2	3	4	5
4	总的来说，我更加注重如何能获得成功，而不是如何避免失败	1	2	3	4	5
5	我总是担心不能完成我的工作目标	1	2	3	4	5
6	我非常担心不能达到我的职责要求	1	2	3	4	5
7	总的来说，我更加关注如何能避免失败，而不是如何取得成功	1	2	3	4	5

（七）组织支持量表

以下项目是对您所在园所的相关描述，请您根据实际情况，按照符合程度在相应的选项上打钩，1=非常不符合，2=比较不符合，3=不能确定，4=比较符合，5=非常符合。

题号	项目	非常不符	比较不符	不能确定	有点符合	比较符合
1	注意到工作出色的教师	1	2	3	4	5
2	工作中不会有机会就利用教师	1	2	3	4	5
3	同意合理的改变工作条件的要求	1	2	3	4	5
4	看重教师的工作目标、价值观	1	2	3	4	5
5	工作中遇到问题给予帮助	1	2	3	4	5
6	让教师担当最适合的工作	1	2	3	4	5
7	给教师提供晋升机会	1	2	3	4	5
8	使教师的工作充满兴趣	1	2	3	4	5
9	帮助教师发挥工作潜能	1	2	3	4	5
10	重视教师工作中的意见	1	2	3	4	5

续表

题号	项目	非常不符	比较不符	不能确定	有点符合	比较符合
11	认为留住教师对单位的作用不小	1	2	3	4	5
12	挽留离职教师	1	2	3	4	5
13	认为解雇教师是不小的损失	1	2	3	4	5
14	不轻易解雇教师	1	2	3	4	5
15	对教师只采取换岗而不解雇	1	2	3	4	5
16	为教师的成就而骄傲	1	2	3	4	5
17	教师离岗后可再召回	1	2	3	4	5
18	奖励教师的额外劳动	1	2	3	4	5
19	偶尔因私人原因缺勤而给予理解	1	2	3	4	5
20	给教师提供特殊帮助	1	2	3	4	5
21	关心教师的生活状态	1	2	3	4	5
22	利润多时会为教师加薪	1	2	3	4	5
23	考虑教师应得多少薪水的问题	1	2	3	4	5
24	做决策时考虑教师的利益	1	2	3	4	5

（八）特质感恩量表

请您阅读以下项目，根据实际情况，按照符合程度在相应的选项上打钩，1=非常不符合，2=比较不符合，3=有点不符合，4=不能确定，5=有点符合，6=比较符合，7=非常符合。

题号	项目	评分						
1	我生命中有非常多值得感谢的地方	1	2	3	4	5	6	7
2	假如要我列出值得感谢的事，这张单子会很长	1	2	3	4	5	6	7
3	我看不到这世界有什么值得感谢的地方	1	2	3	4	5	6	7
4	我对很多人都很感激	1	2	3	4	5	6	7
5	要经过很久的时间之后，我才会对某人或某事感到感激	1	2	3	4	5	6	7
6	随着年龄的增长，我越来越感受到生命中的人、事、物对我的帮助，他们是我生命历史中的一部分	1	2	3	4	5	6	7

（九）心理资本量表

请您阅读以下项目，根据实际情况，按照符合程度在相应的选项上打钩，1=非常不符合，2=比较不符合，3=有点不符合，4=有点符合，5=比较符合，6=非常符合。

题号	项目	评分					
1	我能对问题进行分析，且通常能够找到解决方案	1	2	3	4	5	6
2	我能在与管理层沟通时，清晰自信反馈自己工作	1	2	3	4	5	6
3	我相信自己的努力积极影响着园所的战略讨论	1	2	3	4	5	6
4	我能为自己设定清晰的工作目标	1	2	3	4	5	6
5	我能顺利与家长讨论孩子的问题	1	2	3	4	5	6
6	我能在群体环境中清晰陈述自己的观点	1	2	3	4	5	6
7	我能想出很多办法来摆脱自己在工作中的困境	1	2	3	4	5	6
8	我能充满精力地完成自己当前的工作内容	1	2	3	4	5	6
9	我相信所有问题都可以有许多解决办法和方案	1	2	3	4	5	6
10	我相信自己在当前的工作中，相当成功	1	2	3	4	5	6
11	我能想出很多办法来达成当前的工作目标	1	2	3	4	5	6
12	我正在逐步达成自己设定的目标	1	2	3	4	5	6
13	我能很快从工作中的挫折中恢复过来，并继续前进	1	2	3	4	5	6
14	我能想方设法地去解决工作中遇到的难题	1	2	3	4	5	6
15	我更愿意独立处理工作中的问题	1	2	3	4	5	6
16	我通常对工作中的压力能泰然处之	1	2	3	4	5	6
17	因为此前的磨砺，我能克服工作中的困难	1	2	3	4	5	6
18	我能在当前的工作中同时处理很多事情	1	2	3	4	5	6
19	我能在遇到不确定的事情时设想最好的结果	1	2	3	4	5	6
20	工作中发生的不利的事情，我认为通常是暂时的，也一定有办法解决	1	2	3	4	5	6
21	我总能在工作中看到事情光明的一面	1	2	3	4	5	6
22	我很乐观地面对工作的未来	1	2	3	4	5	6
23	当前工作中大部分的事情能按照我希望的那样发展	1	2	3	4	5	6
24	我相信阳光总在风雨之后，不用悲观	1	2	3	4	5	6